오렌지가 주는
작은 풍선들을 모아
머신러닝 전문가로 거듭나 보세요!

KB174580

01부
오렌지3 기초

오렌지의 설치 방법과 기초 사용법을 익히고, 통계적인 관점을 시각화해서 데이터를 더 잘 이해하기 위한 여러 가지 기법을 살펴봅니다.

02부
오렌지3 지도학습

머신러닝의 여러 기술 중 지도학습의 회귀와 분류를 알아보고, 가장 높은 성능을 내는 모델을 선택하는 법을 알아봅니다.

목차

01부

오렌지3 기초

02부

오렌지3 지도학습

책 사용 설명서

본문 내용을 시작하기에 앞서 이 책의 도서 홈페이지 및 동영상 수업에 대해 알아보겠습니다.

도서 홈페이지

이 책의 홈페이지 URL은 다음과 같습니다.

책 홈페이지

https://wikibook.co.kr/orange/

이 책을 읽는 과정에서 내용상 궁금한 점이나 잘못된 내용, 오탈자가 있다면 홈페이지 우측의 [도서 관련 문의]를 통해 문의해 주시면 빠른 시간 내에 안내해 드리겠습니다.

동영상 수업

생활코딩은 일반인에게 프로그래밍을 알려주는 것을 목적으로 하는 교육 활동으로, 이 책은 생활코딩에서 제공하는 수업 가운데 오렌지3 기초 수업과 오렌지3 지도학습 수업을 정리한 책입니다. 동영상 수업을 함께 살펴보면 도움될 것입니다.

생활코딩 오렌지3 기초 수업

https://opentutorials.org/course/4549

생활코딩 오렌지3 지도학습 수업

https://opentutorials.org/course/4569

수업을 시작하기 전
알아둬야 할 것들이 있습니다.
다음 사항은 꼭 읽고 넘어가세요!

오렌지3 지도학습 수업은 오렌지3 기초 수업과 머신러닝 입문 수업인 머신러닝
1 수업에 의존합니다. 오렌지3나 머신러닝이 무엇인지 모르신다면 선행 수업을
먼저 진행하고 이 수업에 참여할 것을 권합니다.

생활코딩 머신러닝 수업

http://opentutorials.org/module/4916

생활코딩 머신러닝 도서

https://wikibook.co.kr/ml/

책에서는 각 장별로 관련 유튜브 수업으로 연결되는 URL과 QR 코드를
제공합니다. QR 코드를 스캔하거나 웹 브라우저에서 URL을 입력해 강의
영상을 곧바로 확인하실 수 있습니다.

동영상 강좌로 연결되는 URL과 QR 코드

책 사용 설명서

예제 파일 안내

이 책의 예제 파일은 깃허브 저장소에서 관리됩니다. 아래 깃허브 저장소에서 예제 파일을 확인하고 내려받을 수 있습니다.

> **깃허브 저장소**
>
> https://github.com/wikibook/orange

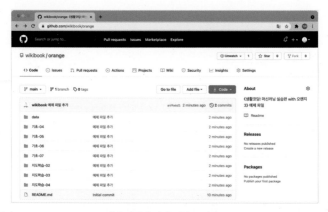

예제 파일이 담긴 깃허브 저장소

예제 파일 내려받기

이 책의 예제 파일을 내려받는 방법을 알아보겠습니다.

01. 웹 브라우저로 깃허브 저장소(https://github.com/wikibook/orange)에 접속한 다음 오른쪽 상단의 [Code]를 클릭한 후 [Download ZIP]을 클릭합니다.

깃허브 저장소에서 예제 코드 내려받기

02. 다운로드할 폴더를 지정해 압축 파일(ZIP 파일)을 내려받습니다. 특별히
다운로드 폴더를 지정하지 않으면 다운로드 폴더에 내려받습니다.

내려받은 압축 파일

책 사용 설명서

03. 내려받은 압축 파일(orange-main.zip)의 압축을 해제합니다. 이때 압축 해제된 파일이 위치할 대상 폴더를 지정하거나 현재 디렉터리에 압축을 해제한 후 대상 폴더로 옮길 수 있습니다.

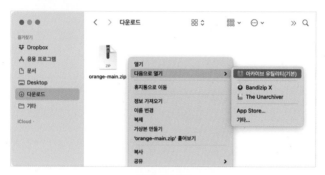

압축 파일 해제

04. 압축을 해제한 폴더로 이동하면 폴더 구성을 확인할 수 있습니다. 각 장마다 그에 해당하는 폴더가 하나씩 있고, 폴더마다 오렌지3 파일이 들어 있습니다.

오렌지3 예제 파일

책 사용 설명서

예제 파일 열기

01. 오렌지3 프로그램을 실행한 다음 상단 메뉴에서 [File] – [Open]을
클릭합니다.

상단 메뉴에서 [File] – [Open] 클릭

02. 예제 파일이 있는 경로로 이동한 다음, 열고자 하는 예제 파일을 선택하고
[Open] 버튼을 클릭합니다.

책 사용 설명서

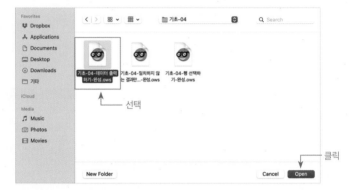

예제 파일을 선택하고 [Open] 버튼 클릭

이 책에서 사용한 프로그램

이 책에서는 오렌지3 프로그램을 이용해 실습을 진행했습니다. 오렌지3를 내려받고 설치하는 방법은 이 책의 1부 '오렌지3 기초 학습'의 3장 '오렌지 설치'에서 자세히 설명합니다.

01부

오렌지3 기초

오렌지는 코드 없이 드래그 앤드 드롭만으로 표의 분석, 데이터 시각화, 머신러닝을 이용한 예측과 같이 중요한 작업을 쉽게 배우고 사용할 수 있는 도구입니다. 1부에서는 오렌지의 설치 방법과 기초 사용법을 익히고, 통계적인 관점을 시각화해서 데이터를 더 잘 이해하기 위한 여러 가지 기법을 살펴봅니다.

지금부터 데이터 과학을 위한 놀라운 도구인 오렌지(Orange) 수업을 시작하겠습니다.

오렌지는 코드 없이도 드래그 앤드 드롭으로 표의 분석, 데이터 시각화, 머신러닝을 이용한 예측과 같이 중요한 작업을 쉽게 배우고 사용할 수 있는 도구로서 통계, 데이터 마이닝, 데이터 과학 분야에서 활용할 수 있습니다.

기본적으로 오렌지는 표를 다루는 도구입니다. 먼저 표에 대해서 생각해볼까요?

기본적으로 오렌지는 표를 다루는 도구입니다.

외계인이 저에게 "인류가 만든 정보 도구 중에서 가장 위대한 게 뭐야?"라고 물어본다면 저는 이렇게 대답할 것 같습니다. "문자, 숫자, 표, 좌표평면, 기타 등등…." 이 중에서 세 번째로 중요한 표는 회계사들이 만든 매우 억압적인 도구입니다. 생긴 것도 감옥처럼 생겼습니다. 하지만 아무리 복잡한 데이터도 행과 열로 이뤄진 표에 가둘 수 있다면 데이터를 단정하게 정리·정돈할 수 있습니다. 그뿐만 아니라 컴퓨터 프로그램인 엑셀이나 데이터베이스에 표를 담으면 컴퓨터의 엄청난 용량과 속도를 이용해 과거에는 상상도 할 수 없던 일을 해낼 수 있습니다. 하지만 표가 아무리 위대하고 컴퓨터가 아무리 빨라도 표 속에서 의미 있는 통찰력을 끄집어내기는 쉽지 않은 일입니다. 이런 문제에서 우리를 구원해 줄 도구가 바로 오렌지입니다.

지금부터 오렌지를 이용해 표와 친해지는 여행을 시작할 것입니다. 여행이 끝나면 단지 도구를 배우는 것에 머무는 것이 아니라 표, 시각화, 통계, 머신러닝과 같은 분야에 대한 중요한 개념을 파악하게 될 것입니다.

자, 준비됐나요? 출발합시다.

02 시나리오와 전략

▶ https://youtu.be/VUeODGY0ijI
(2분 51초)

여행을 알차게 하려면 계획이 있어야겠죠? 우리 머리를 맞대고 계획을 한번 세워봅시다.

지금부터 여러분은 레모네이드를 판매하는 카페의 사장님입니다. 그런데 고민이 하나 있습니다. 오늘 레모네이드가 몇 잔 팔릴지 예측하기가 어렵다는 겁니다. 어떤 날은 재료인 레몬이 남고 어떤 날은

지금부터 여러분을 레모네이드를 판매하는 카페의 사장님이라고 상상해보세요.

부족합니다. 사업을 하는 입장에서는 심각한 위기입니다. 그래서 여러분은 일기예보를 보고 다음 주에는 몇 개의 레몬이 필요한지를 예측하고 싶어졌습니다. 우리의 여행은 이 문제를 오렌지라고 하는 도구를 이용해 해결하는 과정을 담고 있습니다. 이를 위해 제일 먼저 이 도구의 본질을 살펴봅시다.

아무리 복잡한 정보 기술이라도 본질은 단순하다고 생각합니다. 제가 생각하는 정보 기술의 본질은 이렇습니다.

입력, 처리, 출력

어떤 분야에 입문하든 저는 이것들을 제일 먼저 따져봅니다. 그것을 알게 됐을 때 속으로 "나, 이거 뭔지 알아!", "나, 이거 할 줄 알아!"를 외치면서 기분이 좋아집니다.

오렌지라는 도구도 입력, 처리, 출력으로 이뤄져 있습니다. 우리의 전략은 여기에 해당하는 가장 간단한 기능을 재빠르게 살펴보고 '오렌지가 이렇게 돌아가는 도구구나'라는 점을 빠르게 포착하는 것입니다.

그 이후에는 본질적인 기능은 아니지만 오렌지를 활용하는 데 꼭 필요한 것들을 살펴보려고 합니다. 오렌지는 표를 다루는 도구이기 때문에 표에서 원하는 행을 검색하고 원하지 않는 열을 감추고 열의 값을 계산해서 새로운 행을 동적으로 만드는 방법을 살펴볼 것입니다. 이를 통해 가장 기본이 되는 데이터인 표에 대해 알아보겠습니다.

표는 중요하지만, 표만으로는 부족할 때가 많습니다. 특히 어떤 정보가 서로 연관성을 띠고 있을 때 그 연관성을 살펴보기 위해서는 그래프와 같은 방법으로 표를 시각화할 필요가 있습니다. 여기서는 오렌지로 시각화하는 방법을 알려줄 것입니다.

또, 시각화를 통해 데이터의 특성을 파악했다면 그 데이터를 바탕으로 미래를 예측하고 현재에 관한 결정을 내릴 수 있어야 합니다. 이런 작업을 기계에게 시킬 수는 없을까요? 이를 위한 도구를 기계학습 또는 머신러닝(Machine Learning)이라고 합니다. 마찬가지로 오렌지를 이용해 머신러닝을 수행하는 방법도 알려드리겠습니다.

계획은 이 정도로 하고 이제 실행으로 넘어갑시다.

https://youtu.be/mrooZtq4vzU
(51초)

오렌지 설치

이번에는 오렌지를 설치하는 방법을 살펴보겠습니다. 오렌지의 현재 버전은 3입니다. 우리 수업에서도 오렌지3(이하 '오렌지')를 다룹니다.

오렌지 다운로드

먼저 인터넷 브라우저를 열고 오렌지 다운로드 페이지로 이동합니다.

- **오렌지 다운로드 페이지**: https://orangedatamining.com/download/

오렌지 다운로드 페이지에서 **Download Orange** 버튼을 클릭해 오렌지 설치 프로그램을 다운로드합니다.

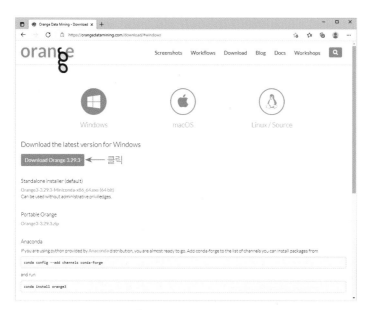

그림 3.1 오렌지 다운로드 페이지[1]

오렌지 설치

윈도우 10 환경을 기준으로 오렌지 설치 과정을 설명하겠습니다.[2]

다운로드한 설치 프로그램을 실행하고, **사용자 계정 컨트롤** 창이 나타나면 **예**를 선택합니다.

---

1 (엮은이) 실습하는 시점에 따라 다운로드 버튼에 쓰여 있는 버전은 다를 수 있습니다.

2 (엮은이) 수업 영상에는 오렌지 설치 과정이 생략되어 있지만, 독자 편의를 위해 책에 소개했습니다.

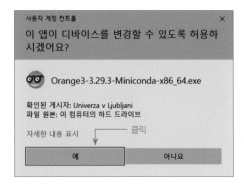

그림 3.2 사용자 계정 컨트롤

설치 프로그램이 시작되면 Next 버튼을 눌러 진행합니다.

그림 3.3 오렌지 설치 시작

라이선스 동의 화면에서 **I Agree** 버튼을 클릭합니다.

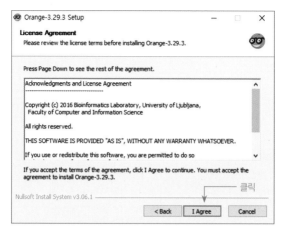

그림 3.4 오렌지 라이선스 동의

관리자 권한으로 설치할 때는 그림 3.5와 같이 사용자 선택 화면
이 나올 것입니다. 다른 사용자들도 오렌지를 사용할 수 있게 하려
면 **Install for anyone using this computer**를, 혼자 사용하려면
Install just for me를 선택하고 **Next** 버튼을 클릭합니다.

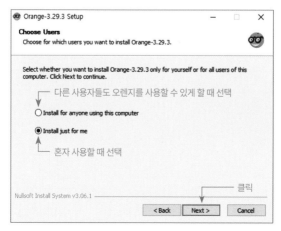

그림 3.5 오렌지 사용자 선택

다음으로 설치할 요소를 선택하는 화면이 나옵니다.

아나콘다(Anaconda)라는 파이썬 배포본의 일종인 미니콘다 (Miniconda)가 함께 설치되는 것을 볼 수 있는데, 아나콘다 또는 미니콘다가 이미 설치되어 있으면 항목이 다르게 보일 수 있습니다.

기본값을 그대로 두고 **Next** 버튼을 클릭하면 됩니다.

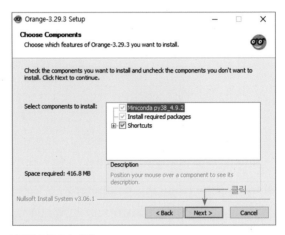

그림 3.6 설치할 구성 요소 선택

오렌지가 설치될 경로를 확인하고 Next 버튼을 클릭합니다.

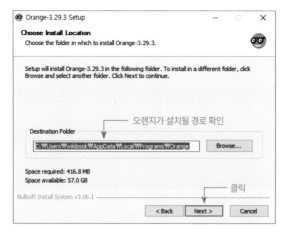

그림 3.7 오렌지 설치 경로 지정

시작 메뉴 폴더를 확인하고 Install 버튼을 클릭합니다.

그림 3.8 시작 메뉴 폴더 선택

그림 3.9와 같이 설치가 진행됩니다.

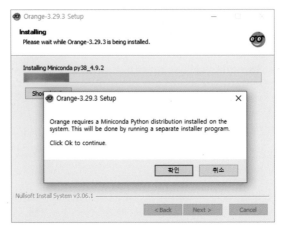

그림 3.9 오렌지 설치 진행

그림 3.6에서 선택했던 미니콘다가 지금부터 설치됩니다. (이 과정을 거치지 않는 경우 그림 3.17과 같은 화면이 곧바로 나옵니다.) Next 버튼을 클릭합니다.

그림 3.10 미니콘다 설치 시작

아나콘다 라이선스 동의 화면이 나오면 **I Agree** 버튼을 클릭합니다.

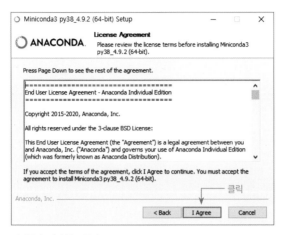

그림 3.11 미니콘다 라이선스 동의

미니콘다 설치 타입을 선택합니다. 다른 사용자도 미니콘다를 사용할 수 있게 하려면 **All Users**를, 그렇지 않으면 **Just Me**를 선택하고 **Next** 버튼을 클릭해 진행합니다.

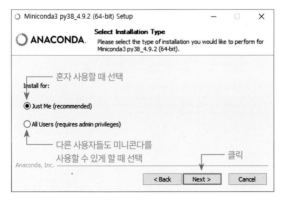

그림 3.12 미니콘다 설치 타입 선택

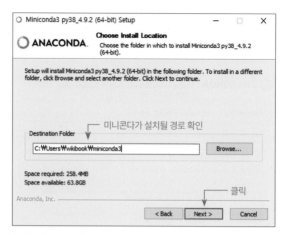

그림 3.13 미니콘다 설치 경로 선택

고급 설치 옵션 화면에서는 **Register Miniconda3 as my default Python 3.8**이 선택되어 있습니다. 그대로 **Install** 버튼을 클릭해 진행합니다.

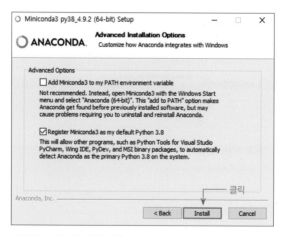

그림 3.14 미니콘다 고급 설치 옵션 선택

미니콘다가 모두 설치되면 Next 버튼을 클릭합니다.

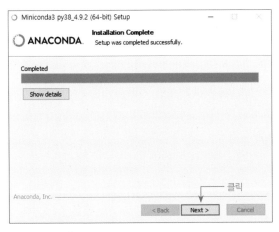

그림 3.15 미니콘다 설치 완료

Anaconda Individual Edition Tutorial과 Getting Started
with Anaconda 체크 박스를 해제하고 Finish 버튼을 클릭합니다.

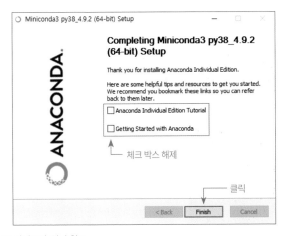

그림 3.16 미니콘다 설치 완료

오렌지 설치가 완료되면 Next 버튼을 클릭합니다.

그림 3.17 오렌지 설치 완료

오렌지 설치가 모두 완료되었습니다! Finish 버튼을 눌러 설치를 마칩니다. 이때 Start Orange 체크박스를 체크하면 오렌지가 곧바로 실행됩니다.

그림 3.18 오렌지 설치 완료 및 실행

그림 3.19와 같은 화면이 나타나면 실습할 준비가 끝난 것입니다.

그림 3.19 오렌지 실행

정보를 바탕으로 의사결정을 하려면 우선 정보를 모으는 작업부터 해야 합니다. 의사결정에 필요할 만한 데이터는 빠짐없이 모으는 것이 중요합니다. 언젠가는 써먹게 되어 있습니다.

지금 우리의 관심사는 판매량입니다. 그리고 아직은 어떤 데이터가 판매량에 영향을 미치는지 알지 못한다고 가정합니다.

자, 우선 데이터를 표에 담아 봅시다. 저는 그림 4.1과 같은 표를 만들어봤는데, 아래 주소로 가면 볼 수 있습니다.

- https://bit.ly/orange3-data

이것을 그대로 써도 되고, 구글 스프레드시트의 **파일 → 사본 만들기** 메뉴를 클릭해 여러분의 계정으로 복사한 뒤 수정해서 사용해도 됩니다.

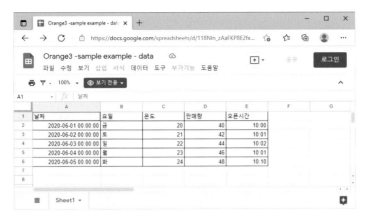

그림 4.1 샘플 데이터(구글 스프레드시트)

이 데이터를 오렌지로 읽어 들이기 전에 데이터의 형식을 보겠습니다. **날짜, 요일, 온도, 판매량, 오픈시간**이 있는데 이것보다도 훨씬 더 많은 칼럼이 있다고 상상해야 하고, 행도 지금은 5개밖에 없지만 5개가 아니라 1억 개로 구성된 엄청나게 큰 데이터라고 상상하겠습니다.

데이터 입력받기(File 위젯)

그러면 이 데이터를 오렌지로 입력하는 작업을 해봅시다. 왼쪽 화면에 보이는 여러 가지 도구들을 위젯이라고 합니다. 그중에서 **File** 위젯을 한 번 클릭하거나 드래그해서 오른쪽 캔버스에 갖다 놓습니다. 또는 캔버스를 더블 클릭한 뒤 팝업 창에서 **File**을 선택해도 같은 결과를 얻을 수 있습니다.

그림 4.2 File 위젯을 캔버스에 갖다 놓기

위젯을 삭제하고 싶다면?

위젯을 지울 때는 위젯에 마우스 오른쪽 버튼을 클릭해 팝업 메뉴에서 Remove를 선택하거나 키보드의 Delete 키를 누르면 됩니다.

그림 4.3 위젯 삭제하기

위젯 아이콘이 안 보인다면?

아래 그림과 같이 위젯 아이콘이 보이지 않는다면 왼쪽 위에 있는 ▒▒ 아이콘을
클릭해주세요. 위젯이 큰 아이콘으로 표시됩니다.

그림 4.4 위젯 큰 아이콘으로 보기

캔버스에 갖다 놓은 **File** 위젯을 더블 클릭합니다. **File** 위젯을 더블
클릭하면 그림 4.5와 같은 팝업 창이 나타납니다.

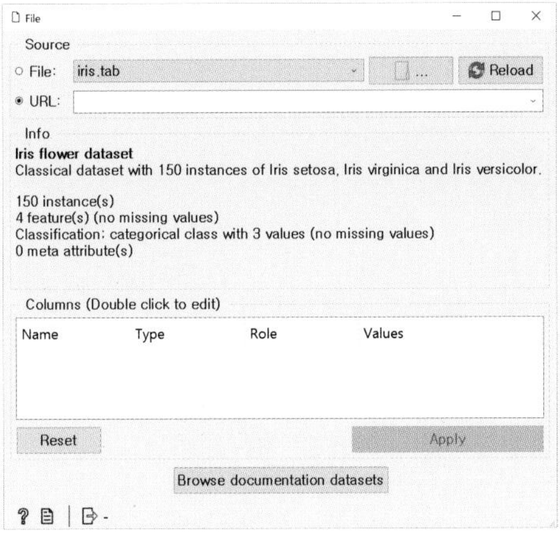

그림 4.5 File 팝업 창

Source 영역에서는 파일을 가져오는 방법을 선택합니다.

- File: 컴퓨터에 저장된 파일을 읽어오고 싶을 때 선택합니다. 폴더 모양의 버튼을 클릭해 읽어올 파일을 선택하면 됩니다.
- URL: 웹에 있는 파일을 이용해 데이터 분석을 하고 싶다면 URL을 선택하고, 오른쪽 입력창에 파일이 있는 주소를 입력합니다.

이 책에서는 구글 스프레드시트를 이용해 데이터 분석을 할 예정입니다. 구글 스프레드시트는 인터넷에 있기 때문에 **❶ URL**을 선택하고, **❷** 구글 스프레드시트 주소(https://bit.ly/orange3-data)를 복사해 붙여 넣습니다. 아무 일도 일어나지 않는다면 오른쪽의 **❸ Reload** 버튼을 클릭합니다.

그림 4.6 판매량 데이터를 로드

그러면 파일이 어떤 데이터로 이뤄져 있는지가 **Info**와 **Columns** 영역에 나타납니다.

Columns 영역의 **Type**을 살펴보면 날짜는 datetime, 온도는 numeric, 요일은 text와 같이 데이터를 구성하는 각 열의 데이터 형식을 저절로 인식해서 그림 4.7과 같이 설정합니다. 여기서 데이터 형식이 기대했던 바와 다르다면 직접 선택해서 다른 것으로 바꿀 수도 있습니다.

이 부분은 뒤에서 좀 자세하게 살펴볼 테니, 지금은 이렇게 두고 **Apply** 버튼을 눌러 넘어갑니다.

그림 4.7 로드된 데이터 확인

그러면 이제 File이라는 위젯이 있고 이 File이라는 위젯은 우리가 만든 구글 스프레드시트를 담고 있는 위젯입니다. 이게 뭘까요? 오렌지로 들어오는 인풋(input), 즉 입력에 관한 이야기를 한 겁니다. 그다음은 처리와 출력인데, 처리는 잠시 후에 살펴보기로 하고 일단 출력부터 빨리 끝내봅시다.

데이터 출력하기(Data Table 위젯)

캔버스에 있는 File 위젯의 오른쪽 괄호를 드래그하면 선이 나타나는데, 적당한 곳에서 마우스 버튼을 놓으면 위젯을 선택하는 팝업 창이 나옵니다(그림 4.8).

그림 4.8 Data Table을 추가

그중에서 **Data Table**을 선택하면 다음 그림처럼 나타납니다. 이 Data Table을 더블 클릭해서 한번 볼까요?

그림 4.9 추가된 Data Table

그럼 다음과 같이 앞서 읽어온 데이터를 표 형태로 출력하는 것을 볼 수 있습니다. 오렌지에서는 데이터가 이 같은 방식으로 입력되고 출력되며, 입력과 출력은 선을 통해 연결될 수 있습니다.

그림 4.10 Data Table의 내용

완성된 예제 파일

기초-04-데이터 출력하기-완성.ows

행 선택하기(Select Rows 위젯)

앞에서 입력하는 법과 출력하는 법을 살펴봤는데, 이것만으로는 쓸모가 크게 없으므로 중간에서 처리를 한번 해보려고 합니다. 표와 관련된 처리 방법 중에서 가장 중요한 것은 내가 원하는 행만 보는 '필터링'입니다. 예를 들어, 판매량이 44 미만인 행만 보고 싶다면 어떻게 해야 할까요?

먼저 File 오른쪽 괄호를 선택해서 드래그하고 **Select Rows**를 클릭합니다.

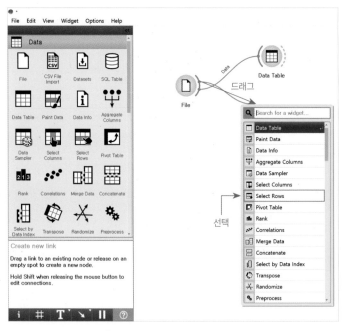

그림 4.11 Select Rows를 추가

그다음에 Select Rows 위젯을 더블 클릭하면 **Select Rows** 창이 나타납니다.

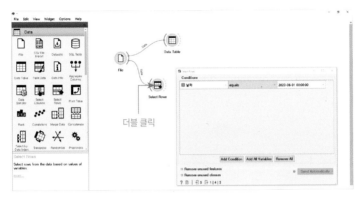

그림 4.12 Select Rows 창

그러면 여기서 조건을 추가합시다. ❶ **Add Condition** 버튼을 클릭하고, ❷ 조건으로 **판매량**을 선택하고, ❸ '어떤 수치의 미만'을 의미하는 is below를 선택한 후, ❹ 마지막 항목으로 44를 입력합니다. 결과적으로 '44 미만'은 44를 포함하지 않으므로 판매량이 40과 42인 행만 앞에서 지정한 조건에 해당합니다.

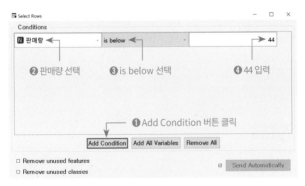

그림 4.13 Select Rows에 Condition을 추가

Select Rows 오른쪽 괄호를 드래그하고 팝업에서 **Data Table**을 선택해 데이터 테이블을 추가합니다. 그리고 추가된 `Data Table (1)`을 더블 클릭했을 때 어떻게 되는지 봅시다. 그림 4.14 위쪽에 있는 `Data Table`이 원본 데이터고, 아래쪽 `Data Table (1)`이 필터링 조건에 의해서 가져온 데이터, 즉 판매량이 44 미만인 행들입니다.

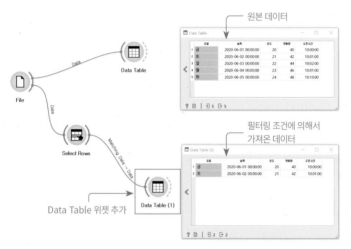

그림 4.14 Select Rows와 매칭된 데이터만 보여주는 Data Table (1)을 추가

지금까지 오렌지에서 데이터를 입력하는 법, 처리하는 법, 출력하는 법을 살펴봤습니다. 이 정도 해보면 오렌지가 무엇이고, 어떻게 동작하는지, 그리고 기능은 다양하지만 핵심은 무엇인지 이해되면서 기분이 좋아질 겁니다. 기분이 안 좋아진다면 아무것도 안 배운 겁니다.

> **완성된 예제 파일**
>
> 기초-04-행 선택하기-완성.ows

링크

이번에는 위젯과 위젯을 연결하는 링크를 알아보겠습니다.

일치하는 결과만 보기(Matching Data → Data)

그림 4.14에서 Select Rows와 Data Table (1)이 선으로 연결됐는데, 이 선 위에 **Matching Data → Data**라고 적혀 있습니다. 그리고 Data Table (1) 위젯은 Select Rows를 이용해 필터링된 결과만 보여줍니다.

이 연결선인 링크를 더블 클릭하면 **Edit Links** 창이 나타나는데, 그 내용을 보면 **Matching Data**는 이 Select Rows 위젯에 의해 선택된 데이터들을 데이터 테이블로 가지고 간다는 뜻입니다.

그림 4.15 링크(Matching Data → Data)

일치하지 않는 결과만 보기(Unmatched Data → Data)

이번에는 필터링되지 않은 결과만 표시해보겠습니다. Select Rows 오른쪽 괄호를 드래그하고 팝업에서 **Data Table**을 선택해 Data Table (2)를 만듭니다.

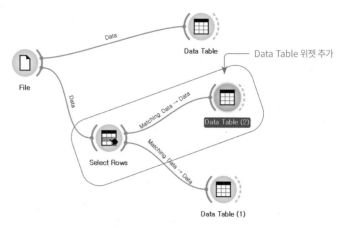

그림 4.16 Data Table (2)를 추가

Select Rows와 Data Table (2) 사이의 선을 더블 클릭해 **Edit Links** 창을 엽니다. **Unmatched Data**를 **Data**로 드래그해서 연결하고, **Matching Data**에서 **Data**로 연결된 선은 클릭해서 지웁니다(그림 4.17).

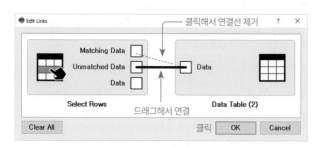

그림 4.17 링크를 Unmatched Data → Data로 수정

OK를 누르고 Data Table (2)를 확인해보면 매칭되지 않은 데이터 (44, 46, 48)만 나타나는 것을 볼 수 있습니다(그림 4.18).

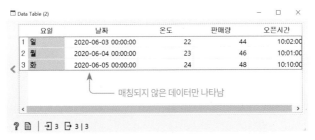

그림 4.18 Select Rows와 매칭되지 않은 데이터만 Data Table (2)에 나타남

완성된 예제 파일

 기초-04-일치하지 않는 결과만 보기-완성.ows

정리

이런 식으로 위젯과 위젯이 연결되고, 연결되는 과정에서 여러 가지 필요에 따라 다양한 옵션을 줄 수 있다는 것이 오렌지의 가장 본질적인 기능과 사용법이라고 할 수 있습니다. 이 지점에서 뭔가 지적인 포만감이 느껴지는 분은 딱 여기까지가 경제적인 공부니까 진행을 멈추기 바랍니다.

그런데 여기서 불만족이 생기고 '내가 지금 이런 문제가 있는데 이런 건 어떻게 하지?' 하는 생각이 떠오른다면 더 공부할 수 있는 상태입니다. 그런 분들은 뒤에서 소개하는 몇 가지 더 중요한 기법을 살펴보면 여러 가지 의문점이 해소될 겁니다. 고생하셨고 우리 손뼉 치고 끝냅시다.

표 다루기

표에 대한 용어들

오렌지에서 사용하는 대부분 데이터는 표에 담깁니다. 이번 시간에는 원하는 대로 표를 조작해서 필요한 정보를 구하는 방법을 살펴보겠습니다. 이 작업을 하기 위해서는 약간의 지식이 필요합니다.

표는 다음과 같이 생겼습니다. 이때 가로를 **행(row)**이라고 합니다. 세로는 **열(column)**이라고 부릅니다. 중요한 내용이니까 헷갈리면 안 됩니다. 행과 열이 표의 기본 구조입니다.

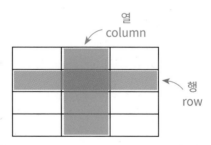

그림 5.1 표의 기본 구조

그러면 여기에 데이터를 넣어볼까요? 그림 5.2처럼 두 가지 방법으로 데이터를 넣을 수 있습니다. 그런데 데이터 산업에서는 오른쪽처럼 하지 않고 왼쪽처럼 입력하기로 약속했으니까 헷갈리면 안 됩니다.

날짜	요일	온도	판매량
2020.1.3	금	20	40
2020.1.4	토	21	42
2020.1.5	일	22	44

날짜	2020.1.3	2020.1.4	2020.1.5
요일	금	토	일
온도	20	21	22
판매량	40	42	44

그림 5.2 표에 데이터 넣기

이제 표에 대해 본격적으로 이야기해보겠습니다. 표는 데이터의 모음입니다. 그래서 표를 **데이터 세트(dataset)**라고도 합니다. 누가 데이터 세트라는 표현을 쓰면 '아, 이 사람이 표를 얘기하고 있구나' 하고 알아차릴 수 있어야 합니다.

그리고 표 5.3에서 각 행은 각각의 하루를 나타냅니다. 또, 각 열은 각각의 하루가 가진 속성을 나타냅니다. 그래서 데이터 산업에서는 행과 열이라는 표현 대신 조금 더 어려운 표현을 사용합니다.

행의 경우에는 다음과 같은 표현을 씁니다. 모두 똑같은 말인데, 첫째로 개체(instance)라고 합니다. 또, 관측한 값이라는 의미에서 관측치(observed value)라는 표현도 씁니다. 기록이란 의미에서 레코드(record), 사례(example) 또는 경우라는 뜻에서 case 같은 표현을 사용하는데, 이것들은 모두 행을 나타내는 표현입니다.

열의 경우에는 특성(feature)이라고도 합니다. 이것은 굉장히 중요한 표현입니다. 그 외에 속성(attribute), 변수(variable), 필드(field) 같은 다양한 표현을 사용합니다. 모든 표현을 외우려고 하지 말고, 자주 접하다 보면 그 분야에서 즐겨 사용하는 용어가 있으니 자연스럽게 알게 될 겁니다.

$$\begin{matrix} 열 \\ column \end{matrix} = \begin{matrix} 특성(feature) \\ 속성(attribute) \\ 변수(variable) \\ 필드(field) \end{matrix}$$

날짜	요일	온도	판매량
2020.1.3	금	20	40
2020.1.4	토	21	42
2020.1.5	일	22	44

$$\begin{matrix} 행 \\ row \end{matrix} = \begin{matrix} 개체(instance) \\ 관측치(observed value) \\ 기록(record) \\ 사례(example) \\ 케이스(case) \end{matrix}$$

그림 5.3 행과 열을 나타내는 용어

그림 5.3의 표를 자세히 보면 한 건 한 건의 데이터는 행에 적고 그 데이터의 속성을 열로 구분한다는 것을 알 수 있습니다. 이것을 이해하는 것이 데이터 분야에 입문하는 가장 중요한 출발점입니다.

표 조작하기

이번에는 오렌지에서 표를 다루는 좀 더 구체적인 방법을 살펴보겠습니다.

(8분 11초)

https://youtu.be/

bFTaSwryOMI

데이터 준비하기

오렌지의 상단 메뉴에서 File → Open을 선택한 다음, 내려받은 예제 파일 중에서 '기초-05-표 조작하기-준비.ows'를 선택합니다.

예제 파일

기초-05-표 조작하기-준비.ows

또는 File → New를 선택해 다음 과정을 따릅니다. 일단 File 위젯을 준비합니다. 그리고 4장을 참고해서 예제 데이터(https://bit.ly/orange3-data)를 가져옵니다. 가져온 데이터의 칼럼 형식은 오렌지가 추론해서 타입을 지정해줍니다. 이 타입은 상당히 중요한데, 왜냐하면 타입에 따라 할 수 있는 일이 달라지기 때문입니다. 그리고 오렌지가 정확하게 타입을 지정하게 하려면 형식을 잘 맞춰줄 필요가 있습니다. 예를 들면, 날짜의 경우 앞에서 데이터 형식을 '연-월-일 시:분:초' 형태로 지정했는데, 그 밖의 '2020년 6월 1일' 같은 형식은 오렌지에서 인식하지 못합니다. 그래서 오렌지가 명확하게 규정한 형태를 잘 지켜야 합니다.

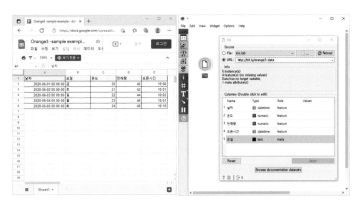

그림 5.4 데이터의 칼럼 형식을 추론해서 타입을 지정

일단은 복습 차원에서 행을 필터링해봅시다. 먼저 표가 어떤 모습인지 확인하기 위해 File 오른쪽 괄호를 드래그하고 팝업에서 **Data Table**을 선택해 데이터 테이블을 추가했습니다.

그림 5.5 Data Table을 추가해 표가 어떤 모습인지 확인

이번에는 행을 필터링해보겠습니다. ❶ File 오른쪽 괄호를 드래그하고 팝업에서 **Select Rows**를 선택해 추가한 다음 ❷ Select Rows를 더블 클릭합니다. Select Rows 창이 열리면 ❸ 판매량, ❹ is below를 선택하고, ❺ 44를 입력합니다. is below가 미만이라는 뜻이기 때문에 44를 제외한, 44보다 작은 값만 선택됩니다.

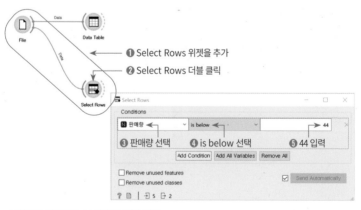

그림 5.6 판매량이 44 미만인 행을 선택

필터링이 잘 됐는지 확인하기 위해 Select Rows 오른쪽 괄호를 드래 그하고 팝업에서 **Data Table**을 선택해 데이터 테이블을 추가합니다. Data Table (1)을 열어 확인해보면 판매량이 44보다 작은 데이터만 표 시되는 것을 볼 수 있습니다.

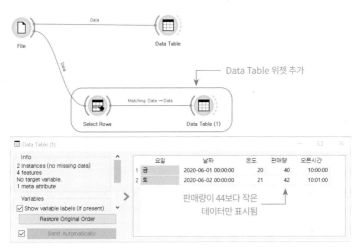

그림 5.7 Data Table을 추가해 필터링한 데이터 확인

창이 항상 위에 떠 있게 하려면?

창이 항상 위에 떠 있게 하려면 메뉴에서 View → Display Widgets on Top 을 선택합니다.

그림 5.8 창을 항상 위에 떠 있게 하는 Display Widgets on Top

완성된 예제 파일
기초-05-표 조작하기-완성.ows

보고 싶지 않은 열 감추기

이번에는 데이터에서 보고 싶지 않은 열을 감추는 방법을 알아보겠습니다. Select Rows 오른쪽 괄호를 드래그하고 팝업에서 **Select Columns**를 선택합니다.

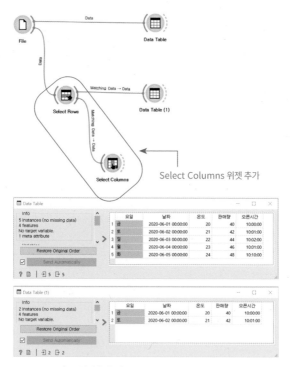

그림 5.9 Select Columns 위젯을 추가

Select Columns 위젯을 더블 클릭하면 Select Columns 창이 나옵니다. 오픈시간 열을 보고 싶지 않다면 오른쪽 **Features**에서 ❶ '오픈시간'을 선택하고 ❷ 가운데 '<' 버튼을 클릭합니다.

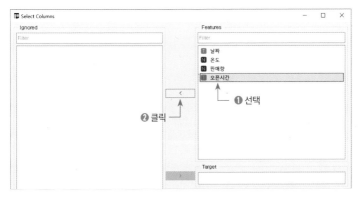

그림 5.10 Select Columns 창

그러면 그림 5.11과 같이 오픈시간이 왼쪽 **Ignored** 영역으로 이동합니다.[3]

그림 5.11 오픈시간 열을 감추기

---

3   Target과 Metas의 의미는 7장에서 알아봅니다.

Select Columns 오른쪽 괄호를 드래그해서 **Data Table**을 선택해 데이터 테이블을 하나 더 만듭니다. 그림 5.12처럼 **오픈시간**이 감춰진 상태가 된 것을 볼 수가 있습니다.

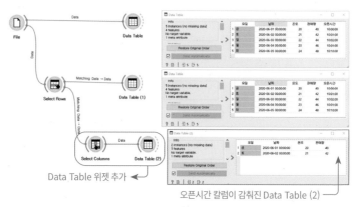

오픈시간 칼럼이 감춰진 Data Table (2)

그림 5.12 오픈시간 칼럼이 감춰진 Data Table (2)

> **완성된 예제 파일**
>
> 기초-05-보고 싶지 않은 열 감추기-완성.ows

열 생성하기

그런데 판매량만 봐서는 얼마를 벌었는지 파악하기가 좀 어렵습니다. 이럴 때 엑셀에서는 수식(formula) 기능을 이용해 자동으로 계산하는데, 그와 비슷한 일을 오렌지에서는 **Feature Constructor** 위젯을 이용해서 할 수 있습니다. 칼럼을 부르는 여러 가지 표현 중 하나가 '특성(feature)'이므로 'Feature Constructor'는 열을 만드는 기능이라는 뜻이라고 이해하면 됩니다.

Select Columns 오른쪽 괄호를 드래그해서 **Feature Constructor**를 선택하고, 추가된 Feature Constructor를 더블 클릭해 봅시다. 그림 5.13과 같이 우리가 만들고 싶은 열을 생성하는 Feature Constructor 창이 나타납니다.

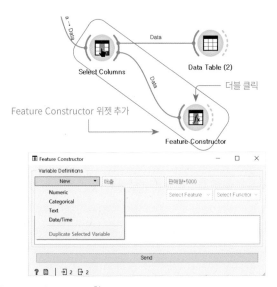

그림 5.13 Feature Constructor 창

Variable Definition 영역에서 다음과 같이 변수를 정의합니다.

❶ **New**를 클릭하고 생성하고자 하는 칼럼의 데이터 형식을 정합니다. 우리는 얼마를 벌었는지를 나타내는 숫자를 만들고 싶으므로 Numeric을 선택합니다. ❷ 그다음 새로 생성된 변수의 이름을 지정하기 위해 **Name**에는 '매출'이라고 쓰겠습니다. **Expression**은 우리가 생성하고 싶은 칼럼에 들어갈 구체적인 값을 어떻게 만들 것인가를 지정합니다. ❸ 다음의 **Select Feature**를 클릭해서 판매량을 선택하

고, ❹ 판매량 오른쪽에 *5000을 입력해 판매량에 5,000을 곱합니다. ❺ Send 버튼을 클릭합니다.

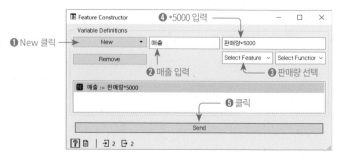

그림 5.14 매출 변수가 정의됨

Feature Constructor 창을 한쪽에 띄워둔 채로 Feature Constructor 위젯 오른쪽 괄호를 드래그하고 팝업에서 **Data Table**을 선택해 Data Table (3)을 생성합니다. 그리고 생성된 Data Table (3)을 더블 클릭해 결과를 봅시다. 그림 5.15처럼 '**매출**'이라고 하는, 원래 데이터에는 존재하지 않았던 칼럼이 생성되고 그 칼럼에는 판매량×5,000에 해당하는 구체적인 수치가 들어간 것을 확인할 수 있습니다.

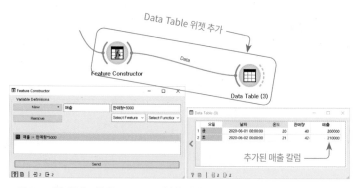

그림 5.15 매출 열이 포함된 Data Table (3)을 생성

완성된 예제 파일

기초-05-열 생성하기-완성.ows

선택한 데이터를 별도의 표에서 보기

오렌지의 중요한 특징을 하나 더 설명하기 위해 File 오른쪽 괄호를
드래그하고 팝업에서 **Data Table**을 선택해 Data Table (4)를 추가
합니다. 새로 추가된 Data Table (4) 오른쪽에 있는 괄호를 드래그하
고 팝업에서 다시 **Data Table**을 선택해 Data Table (5)도 추가합니
다(그림 5.16).

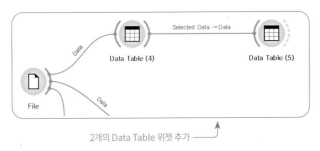

그림 5.16 Selected Data → Data 링크

이렇게 두 개의 Data Table을 연결하면 어떻게 될까요? Data Table
(4)와 Data Table (5)를 잇는 선을 더블 클릭해 보면 왼쪽에 있는 테
이블에 선택된 데이터를 오른쪽에 있는 테이블에 데이터로 공급한다
는 링크가 걸려 있습니다.

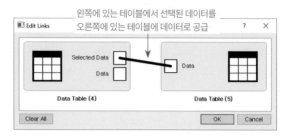

그림 5.17 Edit Links 창

Data Table (4)에서 행을 선택하면 선택한 데이터가 Data Table (5)에 표시됩니다. 시프트 키를 누른 채로 여러 행을 선택할 수도 있습니다. 이렇게 선택한 데이터만 별도의 표로 볼 수 있는 것입니다(그림 5.18).

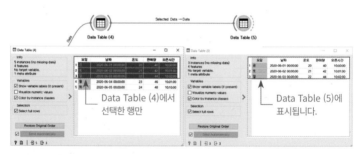

그림 5.18 연결된 테이블에 표시할 행을 선택

완성된 예제 파일

기초-05-선택한 데이터를 별도의 표에서 보기-완성.ows

숫자 크기를 시각적으로 나타내기

끝으로 아주 좋은 기능 한 가지를 보여드리겠습니다. Data Table (5) 창의 **Visualize numeric values** 옵션을 체크하면 숫자의 크기를 각 데이터 아래에 시각적으로 나타낼 수 있습니다(그림 5.19).

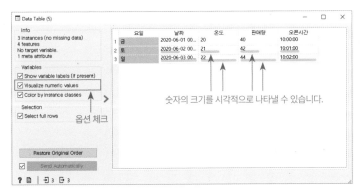

그림 5.19 숫자의 크기를 시각화

완성된 예제 파일

기초-05-숫자 크기를 시각적으로 나타내기-완성.ows

이렇게 해서 오렌지를 통해 표를 자유자재로 다루는 방법을 살펴봤습니다.

06 통계

▶ https://youtu.be/Zxu91fj9_Ec
(3분 35초)

통계의 주목적은 데이터를 이해하는 것입니다. 이를 위해 인류는 무한한 노력을 기울였습니다. 그 노력을 한마디로 말해보라면 저는 이렇게 이야기할 것 같습니다. '어림짐작'. 어림짐작을 위한 여러 가지 도구가 있지만, 그중 가장 위대한 두 가지 도구는 바로 대푯값과 분포라고 생각합니다.

대푯값으로 데이터가 어떻게 생겼는지를 어림짐작하고, 분포로 얼마나 어림짐작했는지를 어림짐작해보는 것입니다. 이를 통해 우리는 아무리 거대하고 복잡한 데이터라도 대충 어림짐작할 수 있게 된 것입니다. 어림짐작을 위한 다양한 기술들을 한번 살펴볼까요?

통계와 시각화

표 6.1의 판매량 데이터가 1억 개 있다면 하루에 보통 몇 개를 판매하는지 파악하기가 쉽지 않을 것입니다. 그래서 사람들은 데이터를 한눈에 파악할 수 있는 간단한 단 하나의 숫자를 원했습니다. 바로 데이터에 대한 첫인상 같은 것입니다.

표 6.1 판매량 데이터(1)

날짜	요일	온도	판매량	오픈시간
2020-06-01 00:00:00	금	20	40	10:00
2020-06-02 00:00:00	토	21	42	10:01
2020-06-03 00:00:00	일	22	44	10:02
2020-06-04 00:00:00	월	23	46	10:01
2020-06-05 00:00:00	화	24	48	10:10

그래서 고안된 숫자들이 있는데, 가장 유명한 것은 '평균'입니다. 가장 가운데 있는 값을 의미하는 '중앙값(median)'이라는 것도 있습니다. 가장 자주 등장하는 값을 의미하는 '최빈값'도 있습니다. 이런 숫자들은 데이터에서 대표와 같은 역할을 합니다. 그래서 이런 값을 **대푯값**이라고 합니다. 표 6.1에서 판매량에 대한 대푯값인 평균과 중앙값을 한번 찾아봅시다.

평균은 다음과 같이 구합니다. 우선 모든 값을 더한 후 그 값을 값들의 개수로 나눕니다. 그렇게 나온 숫자가 평균입니다. 즉, 이 값들은 평균적으로 44인 것입니다.

$$평균 = \frac{40 + 42 + 44 + 46 + 48}{5} = 44$$

그런데 또 하나의 중요한 대푯값이 있습니다. 바로 **중앙값**입니다. 중앙값은 크기순으로 정렬된 값 중에서 가운데에 있는 값을 의미합니다.

$$40, 42, 44, 46, 48의 중앙값 = 44$$

여기시는 평균과 중앙값이 같지만, 꼭 그런 것은 아닙니다.

표 6.2의 평균 판매량은 44이지만, 중앙값은 43입니다. 즉, 평균과 중앙값이 항상 같은 것은 아닙니다. 따라서 다양한 대푯값을 이용해 그 데이터의 성격을 다면적으로 파악할 수 있습니다.

표 6.2 판매량 데이터(2)

날짜	요일	온도	판매량	오픈시간
2020-06-01 00:00:00	금	20	30	10:00
2020-06-02 00:00:00	토	21	42	10:01
2020-06-03 00:00:00	일	22	43	10:02
2020-06-04 00:00:00	월	23	47	10:01
2020-06-05 00:00:00	화	24	58	10:10

대푯값만으로도 정말 많은 통찰력을 얻을 수 있지만, 안타깝게도 현실은 그렇게 만만하지가 않습니다. 즉, 대푯값만으로는 데이터의 성격을 파악하기가 여전히 좀 부족합니다. 보다시피 값들이 표 6.1처럼 좁게 분포되어 있을 수도 있고, 표 6.2처럼 좀 더 넓게 분포해 있을 수도 있기 때문입니다.

따라서 값들의 분포를 확인하기 위해 '사분위수(四分位數, quartile)'라는 개념을 사용합니다. '표준편차'라는 것도 있습니다. 오렌지를 이용하면 이러한 통계 작업을 시각적인 도구와 함께 확인할 수 있습니다. 그렇게 만들어진 시각화 도구가 바로 박스 플롯입니다(그림 6.1).

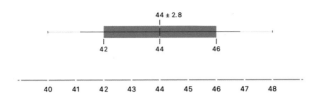

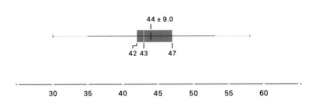

그림 6.1 박스 플롯

다음 절에서는 이러한 통계적인 통찰을 쉽게 이해할 수 있게 도와주는 시각적인 도구들을 살펴보겠습니다.

박스 플롯

지금부터 통계적인 관점을 시각화해서 데이터를 더 잘 이해하기 위한 여러 가지 기법을 살펴보겠습니다.

(5분 22초)

https://youtu.be/

GndrnY42IkE

실습을 위해, 앞에서 사용한 레모네이드 판매량 데이터와 비슷하지만 판매량 수치가 다른 두 가지 데이터를 준비합니다.

표 6.3 좁은값과 넓은값 데이터

이름	URL	판매량
좁은값	http://bit.ly/orange3-narrow	40, 42, 44, 46, 48
넓은값	http://bit.ly/orange3-wide	30, 42, 43, 47, 58

새로운 파일을 만들려면?

오렌지의 상단 메뉴에서 File → New를 선택하면 새로운 파일을 만들 수 있습니다. 완성된 예제 파일을 불러올 때는 File → Open을 선택한 다음 불러올 예제 파일을 선택해주세요.

데이터 준비하기

오렌지의 상단 메뉴에서 **File → Open**을 선택한 다음, 내려받은 예제 파일 중에서 '기초-06-박스 플롯-준비.ows'를 선택합니다.

예제 파일

기초-06-박스 플롯-준비.ows

또는 **File → New**를 선택해 다음 과정을 따라합니다. 왼쪽 위젯 영역에서 **File** 위젯을 두 번 끌어와 두 개의 **File** 위젯을 만들고 이름을 각각 **좁은값, 넓은값**으로 변경합니다. 위젯 이름은 위젯을 선택한 다음 이름 부분을 클릭하면 변경할 수 있습니다.

그림 6.2 두 개의 File 위젯을 추가하고 '좁은값'과 '넓은값'으로 이름을 변경

'좁은값'과 '넓은값' 위젯을 더블 클릭한 다음 표 6.3의 URL을 각각 지정해 데이터를 읽어 들입니다.

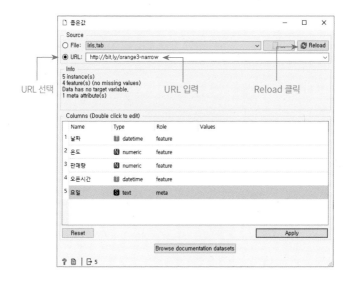

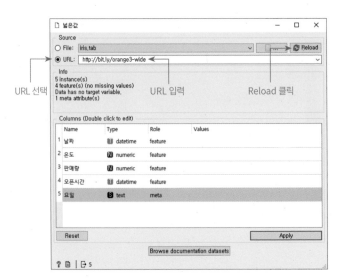

그림 6.3 '좁은값'과 '넓은값' 위젯의 URL을 지정해 데이터를 오렌지에 로딩

그런 다음 '좁은값'과 '넓은값' 위젯의 오른쪽 괄호를 각각 드래그하고 팝업에서 **Data Table**을 선택해 데이터 테이블 위젯을 연결합니다.

그림 6.4 Data Table 위젯을 추가해 좁은값과 넓은값 데이터 확인

이 값들의 평균과 분포를 보고 싶을 때 아주 좋은 도구가 **박스 플롯**(box plot)입니다. 위젯 팔레트에서 **Box Plot**을 선택해 추가한 다음 Box Plot 왼쪽 괄호를 드래그해서 **좁은값**에 연결합니다. 한 번 더 위젯 팔레트에서 **Box Plot**을 선택해 추가한 다음 이번에는 Box Plot (1) 왼쪽 괄호를 드래그해서 **넓은값**에 연결합니다. (또는 지금까지 위젯을 추가했던 것처럼 **좁은값, 넓은값** 위젯의 오른쪽 괄호를 드래그하고 팝업에서 **Box Plot**을 선택해 박스 플롯을 추가해도 됩니다.)

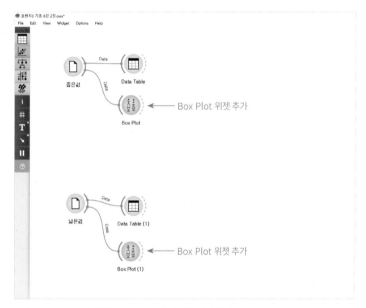

그림 6.5 Box Plot 위젯을 추가하고 좁은값, 넓은값과 연결

추가한 Box Plot을 더블 클릭해보면 그림 6.6과 같은 화면이 나타납니다.

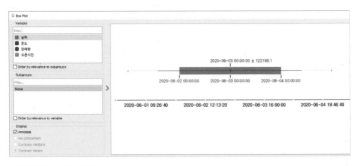

그림 6.6 Box Plot 창

Variable은 표의 열에 해당합니다. 여기서 관심이 있는 열은 판매량이므로 **Variable** 중 **판매량**을 선택합니다.

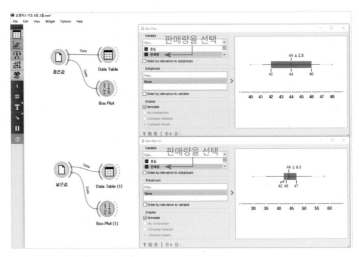

그림 6.7 Box Plot 창에서 판매량 선택

박스 플롯을 통해 알 수 있는 정보는 다음과 같습니다.

박스 플롯 중간의 파란 세로선 위에 44라고 되어 있는데, 이것이 평균 값입니다. '좁은값'의 박스 플롯에 44가 두 개 있는 이유는 평균값과 중앙값 모두 44이기 때문입니다. '넓은값'의 데이터를 보면 평균은 똑같은 44이지만 중앙값은 43입니다. 노란색으로 표시된 부분이 중앙값을 의미합니다.

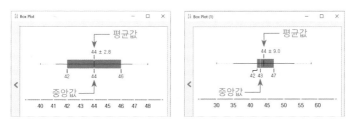

그림 6.8 좁은값의 박스 플롯과 넓은값의 박스 플롯

표와 박스 플롯을 비교하면서 각각의 수치가 어떤 뜻인지 자세히 알아보겠습니다.

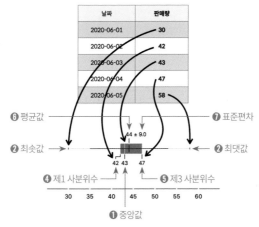

그림 6.9 박스 플롯과 사분위수

❶ **중앙값(제2 사분위수)**: 노란색 선 밑에 있는 값은 전체 데이터 중에서 가장 가운데 있는 값을 의미합니다. 즉, 각각의 값을 크기 순서대로 정렬한 상태에서 가운데 값이라는 뜻입니다. 그림 6.9에서는 노란색 선 아래에 있는 43이 중앙값입니다.

❷ **최솟값**: 표에서 가장 작은 값입니다. 그림 6.9에서 최솟값은 가장 왼쪽에 있는 30입니다.

❸ **최댓값**: 표에서 가장 큰 값입니다. 그림 6.9에서 최댓값은 가장 오른쪽에 있는 58입니다.

데이터를 크게 최솟값, 중앙값, 최댓값으로 이등분했는데, 이등분만으로는 충분한 통찰력을 거둘 수 없기 때문에 값을 한 번 더 쪼갭니다.

❹ **제1 사분위수**: 최솟값과 중앙값 사이를 한 번 더 쪼갠 값이 제1 사분위수입니다. 그림 6.9에서는 최솟값과 중앙값 사이에 있는 값인 42가 제1 사분위수입니다.

❺ **제3 사분위수**: 중앙값과 최댓값 사이를 한 번 더 쪼갠 값이 제3 사분위수입니다. 그림 6.9에서는 중앙값과 최댓값 사이에 있는 값인 47이 제3 사분위수입니다.

이처럼 각 값의 분포를 통해 이 값들이 서로 어떻게 흩어져 있는지, 어떤 값이 멀리 떨어져 있는지 등과 같은 인사이트를 시각화된 표를 보자마자 얻을 수 있습니다. 이번에는 위쪽에 있는 숫자를 살펴보겠습니다.

❻ **평균값**: 데이터의 모든 값을 더한 후 더한 값을 값들의 개수로 나눈 값입니다. 그림 6.9에서 위쪽에 있는 44가 평균입니다.

❼ **표준편차**: 각 값이 평균으로부터 얼마나 떨어져 있는가를 나타냅니다. 그림 6.9에서 평균 옆에 있는 ±9.0이 표준편차를 뜻합니다.

표준편차를 잘 이해하지 못해도 괜찮지만, 조금 더 자세히 살펴보겠습니다. 대략 설명하자면 각 값이 평균으로부터 얼마나 떨어져 있는가를 평균낸 값입니다. 그래서 넓은값(그림 6.10 오른쪽)의 모든 값은 평균으로부터 평균적으로 9만큼 떨어져 있다는 뜻이고, 좁은값(그림 6.10 왼쪽)의 모든 값들은 평균으로부터 평균적으로 2.8만큼 떨어져 있다는 뜻입니다.

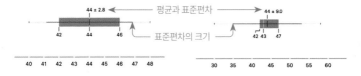

그림 6.10 좁은값과 넓은값 데이터의 평균과 표준편차

예를 들어, 그림 6.10의 좁은값(왼쪽 표) 데이터에서 첫 번째 행의 판매량인 40은 평균과 4만큼 떨어져 있고, 두 번째 행의 판매량인 42는 2만큼 떨어져 있고, 세 번째 행의 판매량은 평균인 44와 같은 값입니다(떨어져 있지 않습니다). 이렇게 평균으로부터 떨어져 있는 값을 가지고 구한 표준편차가 2.8입니다.

박스 플롯에서 가운데 수평으로 그어진 파란색 실선이 표준편차의 크기를 나타냅니다(그림 6.10).

이렇게 오렌지를 이용하면 통계적인 정보를 매우 쉽게 구할 수 있고, 그러한 통계 정보를 바탕으로 데이터를 시각화할 수 있고, 시각화를 통해 정보를 아주 직관적이고 감각적으로 이해할 수 있게 되는 것입니다.

완성된 예제 파일

기초-06-박스 플롯-완성.ows

산점도와 상관관계

이번에는 **산점도(scatter plot)**라는 시각화 도구를 살펴보겠습니다. 그리고 데이터 과학에서 굉장히 중요한 상관관계와 인과관계라는 개념도 살펴보겠습니다.

(7분 41초)

https://youtu.be/

SZoM94KFva0

앞에서 판매량의 평균, 중앙값, 사분위수와 같은 개념들을 판매량이라는 열에 속한 각각의 데이터의 성격을 어림짐작해서 파악했습니다. 그런데 판매량 외에 날짜, 요일, 온도, 오픈시간 등의 열 가운데 어느 것이 판매량에 영향을 미치는지가 궁금합니다. 판매량과 상관 있는 열을 찾기 위해서 우리가 제일 먼저 해야 할 것은 판매량과 함께 값이 달라지는 열을 찾는 겁니다.

표 6.4 판매량 데이터

날짜	요일	온도	판매량	오픈시간
2020-06-01 00:00:00	금	20	40	10:00
2020-06-02 00:00:00	토	21	42	10:01
2020-06-03 00:00:00	일	22	44	10:02
2020-06-04 00:00:00	월	23	46	10:01
2020-06-05 00:00:00	화	24	48	10:10

눈썰미가 좋은 분들은 이 중에서 온도와 판매량 데이터가 함께 변하고 있다는 것을 눈치챌 수 있을 겁니다. 즉, 온도가 높아짐에 따라 판매량도 늘어나는 것을 볼 수 있습니다. 그리고 좀 더 예리한 분들이라면 온도에 2를 곱하면 판매량이 된다는 규칙성도 찾아낼 수 있을 겁니다. 맞습니다. 이 데이터에서 온도와 판매량은 서로 함께 변합니다. 이러한 관계를 '서로 상관이 있다'라는 의미에서 **상관관계**라고 이야기합니다.

그런데 이 데이터가 한두 개가 아니라 매우 많다면 그 상관관계를 눈으로 파악하기가 쉽지 않습니다. 그리고 데이터가 많지 않다면 그것이 상관관계가 있다는 것을 단정해서도 안 됩니다. 데이터가 충분히 많아야 합니다. 바로 이러한 상황에서 우리를 도와주는 기막힌 도구가 바로 산점도(scatter plot)입니다.

산점도를 사용해서 판매량과 상관이 있는 열을 찾아봅시다. 데이터는 앞에서 사용한 판매량과 온도 데이터입니다. 판매량에 영향을 주는 다른 열을 찾고 싶거나 판매량에 있는 데이터가 어떻게 분포되어 있는지를 보고 싶을 때 사용하는 환상적인 도구가 산점도입니다.

데이터 준비하기

오렌지의 상단 메뉴에서 **File → Open**을 선택한 다음, 내려받은 예제 파일 중에서 '기초-06-산점도와 상관관계-준비.ows'를 선택합니다.

> 예제 파일
>
> 기초-06-산점도와 상관관계-준비.ows

또는 **File → New**를 선택해 새로운 파일을 생성한 다음 **File** 위젯과 **Data Table** 위젯을 추가하고, **File** 위젯에서 URL에 http://bit.ly/orange3-data를 입력해 데이터를 읽어 들입니다.

그림 6.11 데이터를 오렌지에 로딩

`File` 위젯의 오른쪽 괄호를 드래그하고 팝업에서 **Scatter Plot**을 선택 해 산점도 위젯을 추가합니다.

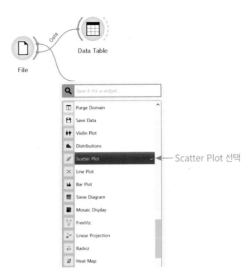

Scatter Plot 선택

그림 6.12 산점도(Scatter Plot) 위젯 생성

만들어진 **Scatter Plot** 위젯을 더블 클릭하면 그림 6.13과 같은 창이
나타납니다.

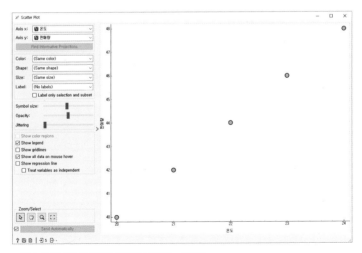

그림 6.13 온도와 판매량의 관계를 나타내는 산점도

산점도에서 제일 먼저 살펴볼 부분은 X축과 Y축입니다. 그래프의 X축에는 어떤 열의 값을 나열하고, Y축에는 어떤 열의 값을 나열할 것인가를 지정하는 것입니다. 먼저 **판매량** 열에 데이터가 어떻게 분포되어 있는지를 살펴보고, 상관관계는 뒤에서 찾아보겠습니다.

Axis x와 **Axis y** 양쪽 다 **판매량**으로 지정하면 X축과 Y축 모두 **판매량**이기 때문에 언제나 점이 그림 6.14처럼 배치됩니다.

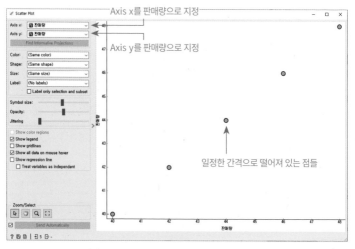

그림 6.14 X축과 Y축 모두 판매량으로 지정한 산점도

점들이 굉장히 일정한 간격으로 떨어져 있는데, 이걸 통해서 우리가 갖고 있는 **판매량** 데이터가 고르게 분산돼 있음을 알 수 있습니다. 반대로 점들이 중간에 복잡하게 모여 있다면 비슷한 값들이 모여 있다는 것을 알 수 있습니다.

비슷한 값들끼리 모여 있고 동떨어진 값이 하나 있다면 굉장히 특이한 이상치, 즉 다소 동떨어진 데이터가 이 안에 들어 있다는 것을 의미합니다. 이것은 오류일 수도 있고, 오류가 아닌 어떤 불평등한 데이터일 수도 있습니다. 그러한 것들을 산점도를 통해 알아낼 수 있습니다. 그래서 산점도는 굉장히 중요한 도구입니다.

또 하나 우리가 알아낼 수 있는 것은 **판매량**에 영향을 주는 다른 열이 누구인가를 찾아보는 것입니다. X축을 **판매량** 말고 **오픈시간**으로 바꿔 볼까요? 그림 6.15는 **오픈시간**에 따라 **판매량**이 어떻게 되는지를 나타내는데, 각 점이 굉장히 산만하게 펼쳐져 있습니다. 그러면 **오픈시간**과 **판매량**은 그다지 상관이 없다는 뜻으로 생각할 수 있습니다.

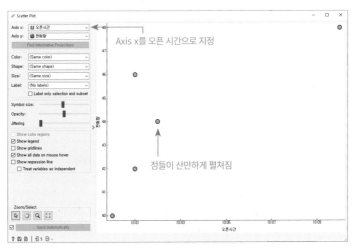

그림 6.15 오픈시간과 판매량의 관계를 나타내는 산점도

그러면 이제 온도를 한번 볼까요? X축을 온도로 변경합니다. **온도**와 **판매량**이 가운데 선을 그릴 수 있을 정도로 잘 배치돼 있고, **온도**와 **판**

매량이 서로 상관이 있을 것 같다는 생각을 할 수 있습니다. 이때 좀 더 분명히 하고 싶다면 왼쪽 패널에 있는 **Show regression line**에 체크합니다. 이 옵션에 체크하면 오렌지가 점들을 최소한의 비용으로 관통하는 선을 그립니다(그림 6.16).

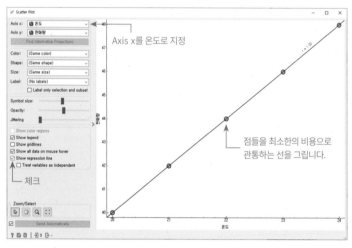

그림 6.16 산점도에 회귀 직선을 표시

그럼 이 선 안에 모든 점들이 들어가는데, 이 선을 회귀 직선(regression line)이라고 부릅니다. 이로써 데이터가 어떤 규칙성을 띠고 있다는 것을 짐작할 수 있습니다. 그래서 이를 보고 **온도**와 **판매량**은 서로 상관이 있다는 것을 알아낸 것입니다. 이것이 바로 산점도의 굉장히 중요한 효용이라고 할 수 있습니다.

그럼 여기서 끝내기 조금 아쉬우니까 산점도의 자잘한 기능 몇 가지만 소개하겠습니다. 산점도에 배치된 각각의 점이 무엇인지 파악하기가 쉽지 않은데, 그럴 때 그림 6.17과 같이 **Label**(레이블)을 지정하면 각각의 점에 해당하는 열이 표시됩니다.

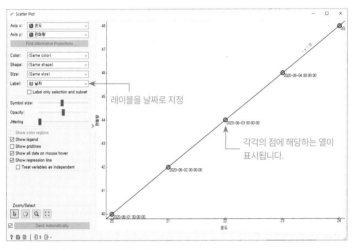

그림 6.17 산점도에 날짜 레이블을 지정

그리고 왼쪽 패널의 **Symbol size**를 지정하면 지정한 열의 값에 따라 크기가 바뀝니다. 이를테면, 온도를 지정하면 온도에 따라 점의 크기가 달라지는 것을 볼 수 있습니다. 즉, **Symbol size**를 줄이면 원들의 크기가 비슷해지고, **Symbol size**를 늘리면 점들의 크기가 크게 차이 나기 때문에 값의 변화를 좀 더 분별하기 쉬워집니다(그림 6.18).

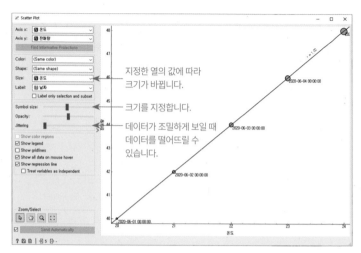

그림 6.18 온도를 점의 크기로 표시

왼쪽 패널의 **Jittering**이라는 것은 데이터가 조밀하게 보일 때 좀 떨어뜨려서 뭐가 뭔지 파악하는 데 도움을 주는 기능입니다. 그 외의 옵션은 여러분이 한번 이것저것 해보면서 직접 알아보면 좋을 것 같습니다.

이처럼 산점도를 알아두면 편리합니다. 산점도를 알게 된 것을 축하드립니다!

완성된 예제 파일

기초-06-산점도와 상관관계-완성.ows

상관관계와 인과관계

지금까지 오렌지와 여러 통계 개념을 이용해 표에 서 의미 있는 통찰력을 끌어내는 방법을 살펴봤습 니다. 그런데 여기까지 온 김에 조금만 더 개념을 정리하고 그러한 개념의 효용을 한번 체감해보는 시간을 가져보면 좋겠습니다.

(5분 8초)

https://youtu.be/

Yjdkp6kpCSM

앞에서 온도와 판매량이 함께 움직인다는 것을 산점도(Scatter Plot) 를 통해 알아냈고, 온도와 판매량은 서로 상관이 있다는 뜻으로 **상관 관계**라고 부릅니다.

그런데 상관관계 중에는 이런 경우도 있습니다. 예를 들면, 온도가 바 뀌면 판매량이 바뀔 수 있죠? 역으로, 판매량이 바뀌었다고 온도가 바 뀔 수 있을까요? 그렇지는 않습니다. 판매량이 어떻게 감히 온도를 바 꾸겠어요? 이런 경우에는 온도가 원인이고 판매량이 결과일 수 있습 니다. 즉, 상관관계인데, 원인과 결과로 나눠서 생각할 수 있다면 그것 은 상관관계 중에서도 **인과관계**라고도 합니다.

상관관계와 인과관계의 관계에서는 상관관계 안에 인과관계가 속합니 다. 그래서 모든 인과관계는 당연히 상관관계입니다. 하지만 모든 상 관관계가 인과관계인 것은 아니라는 점을 기억해 주세요.

한편으로 상관관계는 비교적 찾기가 쉬운데, 인과관계는 비교적 찾기 가 어렵습니다. 그래서 상관관계에 불과한 것을 인과관계로 단정 지었 다가 잘못된 결정을 내리는 경우가 많습니다. 따라서 실제로 인과관계를 규명하는 과정은 고되고, 까다롭고, 어려운 일이라는 것을 기억하면 좋겠습니다.

한편으로, 우리가 다른 사람과 소통할 때는 그 사람이 쓰는 언어를 이해할 필요가 있습니다. 그래서 원인, 결과라는 표현 대신 전문가들은 원인은 **독립변수**, 결과는 **종속변수**라는 표현을 많이 씁니다.

온도 20℃는 판매량과 상관없으므로 독립변수라고 합니다. 그런데 40개라고 하는 판매량은 온도 20℃에 종속된 결과이므로 종속변수라고 부릅니다. 이처럼 열들을 독립변수와 종속변수로 구분할 수 있다면 인과관계가 됩니다.

날짜	요일	온도	판매량	오픈시간
2020-06-01 00:00:00	금	20	40	10:00
2020-06-02 00:00:00	토	21	42	10:01

그림 6.19 상관관계와 인과관계

그림 6.18의 산점도를 한번 보면서 지금까지 배운 것의 효용을 한번 느껴 봅시다. 자, 여기서 과거의 데이터를 가만히 보면서 정비례 관계를 비롯해 어떤 관계가 있다는 점을 파악할 수 있다면 무엇을 할 수 있을까요? 바로 '예측'을 할 수 있습니다.

예를 들어 볼까요? 내일 일기예보에 온도가 22.5℃라고 나온다면 우리는 뭘 할 수 있을까요? 온도가 22.5℃일 때의 판매량을 추세선에서 찾아 45라는 값을 예측할 수 있습니다. 원인인 22.5℃라고 하는 독립변수를 통해 결과인 45라는 종속변수를 알아낼 수 있고, 이를 통해 미래를 예측할 수 있고 의사결정을 내릴 수가 있는 것입니다. 그럼 그에 따라 판매량에 맞는 재료를 사서 손실을 최소화할 수 있습니다.

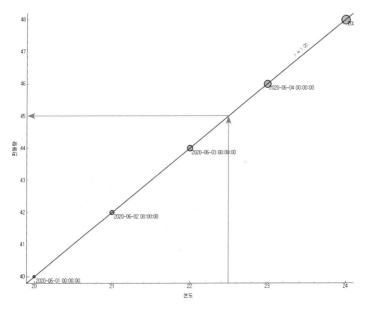

그림 6.20 추세선을 이용해 판매량을 예측

조금 어려운 이야기지만, 이것은 우리가 통계적인 지식을 활용했을 때 얻을 수 있는 굉장히 중요한 효용이라고 생각합니다. 방금 설명한 내용을 천천히 음미하면서 우리가 지금 대단한 지점까지 와 있다는 것을 한번 느껴보기 바랍니다.

07 머신러닝

▶ https://youtu.be/UBGpkhUclj8
(4분 38초)

6장에서 산점도를 활용해 원인인 온도와 결과인 판매량의 관계를 그래프로 나타냈습니다. 즉, 가지고 있는 데이터에서 원인과 결과를 찾아내 그 관계를 그래프로 표현한 것입니다. 일기예보에서 내일 온도가 22.5℃라고 예측했다면 판매량이 45개일 것이라고 예측할 수 있습니다. 정말 놀랍죠?

한편, 수학을 잘하는 분은 아시겠지만 온도와 판매량의 관계를 수학적으로도 나타낼 수 있습니다. 즉, $y=2x$가 바로 이 그래프를 나타낸다는 것을 알 수 있습니다. 온도에 따른 판매량이라는 공식을 만든 것입니다. 이 공식을 알고 있다면 그래프가 없어도 우리가 원하는 목적을 달성할 수 있습니다. 온도가 22.5℃라면 2를 곱해서 판매량이 45개가 될 것이라는 걸 알 수 있다는 것입니다. 공식을 만들기만 하면 이렇게 엄청난 일을 할 수 있게 됩니다. 이것이 바로 공식의 힘입니다.

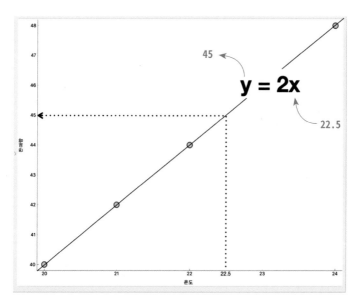

그림 7.1 온도에 따른 판매량 그래프와 회귀식

그런데 온도뿐만 아니라 더 많은 것이 판매량의 원인이 된다면 어떨까요? 예를 들면, 계절이나 경쟁업체의 수, 요일과 같은 데이터도 판매량에 영향을 미칠 수 있습니다. 지금은 온도만 X축에 표현했지만, 온도 말고 다른 열의 데이터도 X축에 표현해야 합니다.

그러면 축이 부족합니다. 그래서 평면에 축을 표현할 수 없게 됩니다. 그럼 3차원 그래프가 되고, 다시 4차원, 5차원, ... 이렇게 되면 현실 세계에서는 그림으로 표현할 수 없게 됩니다. 또 원인과 결과의 그래프가 직선처럼 단순한 것이 아니라 굉장히 복잡한 그래프가 필요하다면 규칙성을 찾아내고 공식을 만드는 것이 사실상 너무 어렵거나 불가능해질 것입니다.

그래서 원인과 결과를 컴퓨터 스스로 파악할 수 있다면 얼마나 좋을까, 하는 꿈을 가진 사람들이 있었습니다. 이분들에 의해서 만들어진 놀라운 기술을 **머신러닝(Machine Learning)**이라고 합니다. 머신러닝을 이용하면 원인과 결과로 이뤄진 데이터를 기계에게 학습시켜서 $y=2x$라는 공식을 기계가 스스로 만들어 내게 할 수 있습니다. 또 $y=2x$보다 훨씬 더 복잡한 공식이라도 기계가 알아서 만들어 주는 것입니다. 그럼 우리는 원리는 몰라도 그 공식을 그냥 쓰면 됩니다. 물론 머신러닝으로 할 수 있는 일이 이게 다는 아닙니다.

그림 7.2에 나온 것처럼 다양한 기술들이 머신러닝이라는 이름 아래에 모여 있습니다. 이 모든 것을 지금 살펴볼 필요는 없습니다. 우리 수업의 목표는 머신러닝의 모든 기능을 알려주는 것이 아니라 오렌지로 머신러닝을 하는 사례 중 하나를 보여줌으로써 '아하! 머신러닝이란 이런 것이고 오렌지로 정말 쉽게 할 수 있구나!'라는 것을 알려주려는 것입니다.

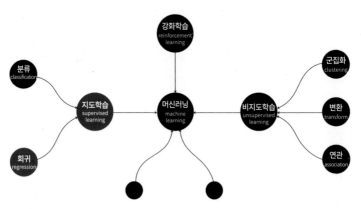

그림 7.2 다양한 머신러닝 기술

이를 위해 아주 유명한 머신러닝 방법인 지도학습, 그중에서 회귀라는 도구를 사용해 볼 것입니다. 이 도구를 이용해 온도를 입력하면 판매량이 출력되는 공식을 만들어보겠습니다.

앞으로 진행될 과정을 한 번만 더 정리해 봅시다. 지도학습을 하기 위해서는 우선 과거의 데이터가 있어야 합니다. 그리고 그 데이터를 독립변수와 종속변수로 분리해야 합니다. 독립변수와 종속변수의 관계를 컴퓨터에 학습시키면 컴퓨터는 그 관계를 설명할 수 있는 공식을 만들어냅니다. 이 공식을 머신러닝에서는 **모델(model)**이라고 합니다. 좋은 모델이 되려면 데이터가 많을수록, 또 데이터가 정확할수록 좋습니다.

독립변수	종속변수
온도	판매량
20	40
21	42
22	44
23	46

그림 7.3 데이터를 학습시켜 모델을 생성

그렇게 학습시키면 아직 모르는 원인을 입력했을 때 모델이 결과를 순식간에 계산해서 알려 줍니다. 이 과정을 오렌지로 할 것입니다.

그림 7.4 모델이 결과를 계산

머신러닝 사용하기

(9분 30초)

https://youtu.be/

zPGRvgUwKik

데이터 세트

머신러닝 실습을 위해 두 개의 표를 준비합니다.

- 첫 번째 표(https://bit.ly/orange3-data)는 6장의 표 6.1과 같이 온도도 있고 판매량도 있습니다. 온도가 원인이고 판매량이 결과라는 사실을 우리가 알고 있다는 것이 중요하고, 나머지 열은 중요하지 않습니다. 이 데이터를 컴퓨터에 학습시켜서 모델을 만들면 그 모델을 이용해 일기예보를 통해 알아낸 온도에 따른 판매량을 예측하려고 합니다.

- 두 번째 표(http://bit.ly/orange3-pred1)는 표 7.1과 같이 아주 간단하게 생겼습니다.[4]

표 7.1 예측할 데이터

날짜	온도
2020-06-06 00:00:00	20
2020-06-07 00:00:00	21
2020-06-08 00:00:00	22
2020-06-09 00:00:00	23
2020-06-10 00:00:00	24

---

4 (엮은이) 영상에서는 http://bit.ly/orange3-data-prediction을 사용하지만, 책에서는 실습 결과의 일관성을 위해 데이터를 따로 준비했습니다.

데이터 준비하기

오렌지의 상단 메뉴에서 **File** → **Open**을 선택한 다음, 내려받은 예제 파일 중에서 '기초-07-머신러닝 사용하기-준비.ows'를 선택합니다.

예제 파일

기초-07-머신러닝 사용하기-준비.ows

또는 **File** → **New**를 선택해 새로운 파일을 생성한 다음 **File** 위젯 두 개를 추가합니다. 추가한 **File** 위젯 중 우리가 학습시킬 데이터는 이름을 'train_data'로 변경하고, 다른 하나는 'prediction_data'로 변경합니다. 그다음 각 **File** 위젯을 더블 클릭해 URL에 각각 다음 주소를 입력해 데이터를 읽어 들입니다.

- train_data의 URL: https://bit.ly/orange3-data
- prediction_data의 URL: http://bit.ly/orange3-pred1

그리고 각각의 **File** 위젯에서 오른쪽 괄호를 드래그하고 팝업에서 **Data Table**을 선택해 데이터 테이블을 추가합니다. 준비한 데이터의 내용을 상세하게 한번 봅시다.

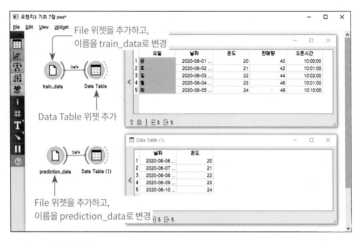

그림 7.5 데이터 준비

train_data 위젯을 더블 클릭해 열고, 표 7.2를 참고해 Columns의 열 이름(Name)과 데이터 타입(Type), 역할(Role)을 지정합니다. 데이터 타입이 중요한 이유는 데이터 타입에 따라서 우리가 할 수 있는 연산 작업이 달라지기 때문입니다. 따라서 정확하게 지정해야 합니다.

표 7.2 train_data의 열

Name	Type	Role
날짜	datetime	meta
온도	numeric	feature
판매량	numeric	target
오픈시간	datetime	skip
요일	text	skip

지금까지 Role이라는 것에 대해 설명하지 않았는데, 이제부터 Role이 중요해집니다. Role은 머신러닝 같은 기법을 통해 분석이나 예측 같은 작업을 할 때 각 열이 어떤 역할을 하는가를 지정하는 기능입니다. Role을 클릭해 보면 드롭다운으로 4개의 항목이 나옵니다. 데이터 타입에 따라 Role이 2개만 나올 수도 있습니다.

Role의 종류는 다음과 같습니다.

- skip: 분석 작업에서 아예 무시해도 되는 데이터는 건너뛰게 합니다. 오픈 시간과 요일 열은 아예 사용하지 않을 것이므로 skip으로 지정합니다.
- meta: 실제로 작업에 사용되진 않지만, 정보성 데이터로 남겨두는 게 좋은 것들은 meta로 표시합니다. 날짜 열은 참고할 수 있게 meta로 지정합니다.
- target: 예측하고자 하는 열(종속변수)을 target으로 지정합니다. 여기서는 판매량을 예측하려고 하므로 판매량 열을 target으로 지정합니다.
- feature: 예측하는 데 사용될 원인(독립변수)을 feature로 지정합니다. feature로 지정한 특징을 학습시켜서 원하는 타깃을 구하는 것이 우리의 목표라고 할 수 있습니다.

Role을 선택하고 Apply 버튼을 클릭하면 train_data 위젯에 연결된 Data Table(그림 7.6)에 어떤 변화가 생기는지 볼까요?

보다시피 날짜, 온도, 판매량, 오픈시간, 요일 중에서 오픈시간과 요일은 분석 작업에 쓰지 않을 것이라서 skip으로 지정했으므로 없어졌습니다. 날짜는 meta로 지정했더니 meta를 나타내는 색으로 바뀌었습니

다. 마지막으로 **판매량** 열이 맨 앞에 오고, 회색으로 강조 표시된 것을
볼 수 있습니다.

그림 7.6 File과 Data Table 위젯(train_data)

완성된 예제 파일

기초-07-데이터 세트-완성.ows

모델

우리가 하려고 하는 일을 정리해 볼까요? 일단 이미 원인과 결과에 따
른 데이터는 가지고 있습니다. 그리고 이 데이터를 컴퓨터에 학습시키
면 컴퓨터가 원인과 결과의 관계를 설명하는 공식, 다른 말로 모델을
만들어 줄 것입니다.

그런데 이때 어떤 방식으로 모델을 만들어야 할지도 컴퓨터에 지정해야 합니다. 왜냐하면 머신러닝으로 해결할 수 있는 일이 너무나 많으므로 최소한 내가 뭘 하고 싶은지는 알려줘야 하기 때문입니다.

지금 우리가 하려는 일은 과거의 데이터를 학습시켜서 미래의 데이터를 알고 싶은 것이고, 알고자 하는 최종 목표는 미래에 레모네이드를 몇 잔 판매할 것인가입니다. 이때의 판매량은 숫자입니다. 숫자일 때는 '회귀'를 쓰면 됩니다. 회귀도 여러 가지 종류가 있는데, 우리가 예측하고자 하는 결론은 그림 7.1처럼 선의 형태로 나타납니다. '선'은 영어로 'linear'입니다. 그래서 여기서는 **선형 회귀(Linear Regression)**를 통해 우리의 문제를 해결할 모델을 찾아낼 수 있습니다.

자, 그럼 시작합니다. 왼쪽에 있는 위젯 팔레트에서 **Model** 부분을 보면 여러 가지 모델의 위젯이 있는데, 여기서는 선형 회귀가 필요하므로 **Linear Regression**을 클릭해서 추가합니다. 그리고 `train_data` 위젯의 오른쪽 괄호를 드래그해서 `Linear Regression`에 연결합니다. 그러면 오렌지가 이 `train_data`에 들어 있는 데이터에서 온도에 따른 판매량을 대조해서 선형 회귀라는 방법에 따라 모델을 만들어 줍니다 (그림 7.7).

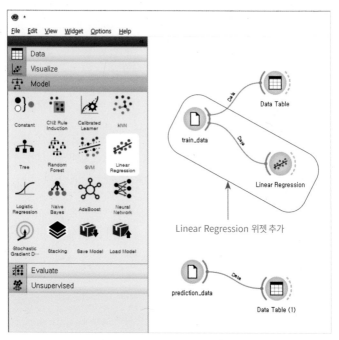

그림 7.7 Linear Regression 모델 생성

모델을 만드는 것은 벌써 끝났습니다. 그리고 모델을 만드는 과정에서 여러 가지 옵션을 줄 수 있지만, 지금 단계에서는 그러한 옵션은 중요하지 않습니다.

완성된 예제 파일

기초-07-모델-완성.ows

예측

모델을 얻었으니 이제 뭘 해야 할까요? 이 모델의 새로운 독립변수, 예를 들어 22.5도라는 값을 주면 모델이 '45개 팔렸네요!'하고 우리한테 알려주는 것입니다. 즉, 미래의 일기예보를 통해 알게 된 온도에 따른 판매량이 몇 개가 될 것인지를 이전에 만든 모델에게 물어봐서 예측(predict)하는 겁니다. 그때 사용하는 도구가 Predictions 위젯입니다. 왼쪽 위젯 팔레트에서 **Evaluate** 영역에 있는 ❶ **Predictions** 위젯을 클릭해서 추가합니다.

Predictions 위젯에는 두 개의 입력이 필요합니다. 하나는 모델입니다. 즉, Linear Regression을 통해 만든 모델을 Predictions에 입력해야 합니다. ❷ Linear Regression의 오른쪽 괄호를 드래그해서 Predictions에 연결합니다. 다음으로 예측하고 싶은 데이터를 Predictions에 입력해야 합니다. ❸ prediction_data의 오른쪽 괄호를 드래그해서 Predictions에 연결합니다.

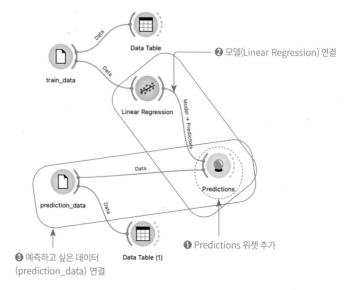

❷ 모델(Linear Regression) 연결

❶ Predictions 위젯 추가

❸ 예측하고 싶은 데이터
(prediction_data) 연결

그림 7.8 Predictions 위젯 추가

이때 `prediction_data`에서 여러분이 예측하고자 하는 정보가 무엇인지와 **Role**을 지정해야 합니다. `prediction_data` 위젯을 더블 클릭해 엽니다. 날짜의 **Role**은 **meta**로 지정해서 우리가 볼 수 있게 합니다. 온도의 **Role**은 **target**이 아니라 **feature**로 지정합니다. 즉, 이 **온도**라는 '원인'이 어떤 '결과'를 초래할지를 `Predictions`에게 물어보는 겁니다.

그림 7.9 File 위젯(prediction_data)

그러면 이렇게 만들어진 결과를 Data Table (2)로 연결해서 한번 열어
볼까요?

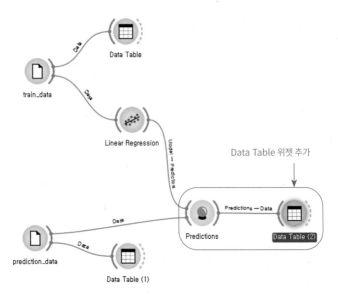

그림 7.10 예측 결과 테이블 추가

데이터 테이블 위젯을 열어보면 온도가 20도일 때는 40잔이 팔릴 것이고, 24도일 때는 48잔이 팔릴 것이라는 정보를 예측해서 우리에게 알려줍니다. 아주 대단하지 않나요?

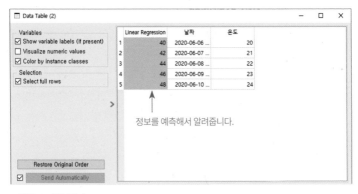

그림 7.11 예측 결과

완성된 예제 파일
기초-07-예측-완성.ows

머신러닝은 이렇게 동작하고 오렌지에서는 이런 식으로 머신러닝을 활용할 수 있습니다.

물론 이보다 훨씬 더 복잡하고 다양한 일을 할 수 있고, 그것과 관련된 기능들이 **Model**에 속한 위젯에 있으며(그림 7.7), **Evaluate**에 속한 위젯(그림 7.8)에는 더 좋은, 더 정확한 결과를 얻기 위한 여러 가지 기법이 들어 있습니다.

머신러닝에 대해 알게 된 것을 축하드리고, 오렌지 활용법의 정점이라고 할 수 있는 부분까지 실습해 본 것을 축하드립니다.

08 수업을 마치며

▶ https://youtu.be/6pyjFfSIA7k
(5분 48초)

여기까지 오느라 고생 많았습니다.

이번 시간에는 앞으로 여러분이 도전할 만한 주제를 소개하고 물러나겠습니다.

오렌지를 잘 이용하려면 데이터를 표 형태로 잘 정리정돈하는 작업이 중요합니다. 이런 일을 해주는 도구로는 스프레드시트와 데이터베이스가 있습니다. 스프레드시트에 속하는 대표적인 제품에는 엑셀, 구글 스프레드시트 같은 것이 있고, 데이터베이스에 속하는 대표적인 제품에는 마이에스큐엘(MySQL), 오라클(Oracle), SQL 서버(SQL Server) 같은 것이 있습니다. 데이터를 체계적으로 관리하고 싶은 분들은 이런 기술을 공부하기 바랍니다. 오렌지와 이런 기술을 함께 사용하면 큰 시너지가 날 것입니다. 생활코딩에는 이러한 기술에 대한 수업을 꽤 많이 만들어 놨고, 또 만들 계획입니다. 한번 찾아서 공부해 보면 좋을 것 같습니다. 재미있고 유익합니다.

spreadsheet

Excel
Google Spreadsheet
Calc
Numbers

database

MySQL
ORACLE
SQL Server
MongoDB

데이터를 표 형태로 정리정돈하는 도구로는 스프레드시트와 데이터베이스가 있습니다.

오렌지를 제대로 활용하려면 통계를 공부할 필요가 있습니다. 오렌지는 기본적으로 통계를 기반으로 하는 도구이기 때문입니다. 통계에 대한 좋은 수업이 정말 많습니다. 저도 언젠가 통계에 대한 수업에도 한번 도전해 보겠습니다.

데이터 분석 실력이 아무리 좋아도 분석할 대상이 없다면 할 일이 없을 것입니다. 또한, 분석한 것을 다른 사람에게 보여줄 수 없다면 소용없을 것입니다. 오늘날 정보를 표현하는 가장 중요하고 가장 유명한 도구는 웹입니다. 웹페이지에는 우리가 분석할 수 있는 좋은 정보가 넘쳐납니다. 또 우리가 분석한 정보를 웹페이지로 만들면 전 세계의 많은 사람에게 우리가 만든 분석 결과를 보여줄 수 있습니다. 데이터 분석이라는 점에서 웹은 필수가 아닙니다. 하지만 웹을 다룰 수 있게 된다면 여러분의 분석 능력은 날개를 달게 될 것입니다. 웹을 공부해보고 싶다면 다음 URL에 있는 온라인 수업인 ≪WEB1≫을 추천해 드립니다.

▪ WEB1 수업: https://opentutorials.org/course/3084

최근 데이터 산업이 이렇게 뜨거워진 계기는 인공지능 때문이라고 해도 과언이 아닙니다. 인공지능을 구현하는 기술이 바로 머신러닝입니다. 우리 수업에서도 머신러닝을 조금 살펴봤습니다만, 머신러닝을 좀더 본격적으로 공부해보고 싶다면 《머신러닝 1》 수업이나 이 수업을 책으로 엮은 《생활코딩! 머신러닝 이론편》을 한번 살펴보세요.

- **머신러닝 1**: https://opentutorials.org/module/4916
- **생활코딩! 머신러닝 이론편**: https://wikibook.co.kr/ml/

오렌지의 가장 큰 장점은 GUI 기반이라는 것입니다. 동시에 가장 큰 단점 역시 GUI 기반이라는 점입니다. GUI는 마우스나 손가락 터치 등을 이용해 사물을 다루듯이 컴퓨터를 조작하는 방법을 의미합니다. GUI의 경쟁자는 코딩입니다. 코딩은 다음 그림의 오른쪽 같이 생겼습니다. 둘 다 같은 일을 합니다만 장단점이 있습니다(그림 8.1).

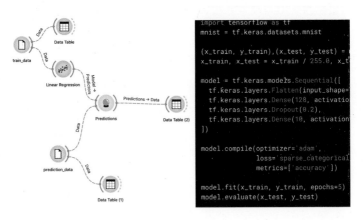

그림 8.1 GUI 기반의 오렌지(왼쪽)와 코딩(오른쪽)

오렌지는 할 수 있는 일이 아이콘 형태로 되어 있어 다 기억할 필요가 없습니다. 이미 알고 있는 것이라면 아이콘을 보는 것만으로도 사용하는 데 필요한 정보가 연상될 것이기 때문입니다. 지금은 모르는 것도 눈에 보이기 때문에 앞으로 알아야 하리라는 것을 인식하고 학습 방향을 잡아갈 수 있습니다. 이런 장점을 학습에 최대한 활용하면 좋을 것 같습니다. 그런 점에서 오렌지는 정말 좋습니다.

반대로 코딩은 계속 문법을 배워야 하고 어휘를 기억해야 합니다. 그래서 배우는 데 노력이 많이 듭니다. 하지만 검색을 통해 필요한 기능을 찾아내기가 매우 쉽습니다. 또 GUI보다 훨씬 복잡하고 논리적인 흐름을 만들 수 있습니다. 오렌지 아이콘이 1만 개라고 생각하면 어마어마하게 느껴집니다. 반면, 1만 줄짜리 코드는 코딩의 세계에서는 아무것도 아닙니다.

같은 일을 다른 방법으로 하는 두 기술이 모두 존재한다는 것은 둘 다 각자의 쓰임이 있다는 뜻입니다. 그렇다면 사용자인 우리가 해야 할 일은 두 기술의 장점만 취사선택해서 장점만 가진 환상적 조합을 만들어내는 것입니다.

매우 복잡한 작업을 처리해야 한다거나 자동화 처리를 해야 한다면 코딩 또는 프로그래밍을 배워보세요. 오렌지만으로 해결하기 어려운 일로 충분히 고통받았다면 프로그래밍하는 과정은 즐거운 놀이가 될 수 있을 것입니다.

자, 여기까지입니다. 어떠셨나요? 오렌지, 정말 좋죠?

이제 더 공부하려고 하지 말고 지금 배운 것을 어떻게 우리 삶에 연결할지 궁리해볼 때입니다. 배운 내용을 사용하지 않고 자꾸 공부만 하는 이유는 무언가를 사용하는 것이 사실은 쉬운 일이 아니기 때문입니다. 공부만 하면 공부한 내용을 사용하기가 점점 더 어려워질 수 있으니 너무 공부만 하지 말고, 즐기면서 천천히 삶에 녹여 보기 바랍니다.

진심으로 축하드리고, 또 응원합니다!

02부

오렌지3 지도학습

머신러닝에는 다양한 학습 방법이 있습니다. 2부에서는 머신러닝의 여러 기술 중 지도학습의 회귀와 분류를 알아보고, 가장 높은 성능을 내는 모델을 선택하는 법을 알아봅니다.

01

수업 소개

지금부터 데이터 분석 도구인 오렌지를 이용해 머신러닝, 그중에서 지도학습을 하는 방법에 대한 수업을 시작하겠습니다. 이 수업은 이 책의 1부에서 다룬 《오렌지3 기초》 수업[5]과 머신러닝 입문 수업인 《머신러닝 1》 수업[6]에 의존합니다. 오렌지3나 머신러닝이 무엇인지 모르신다면 선행 수업을 먼저 진행하고 이 수업에 참여할 것을 권합니다.

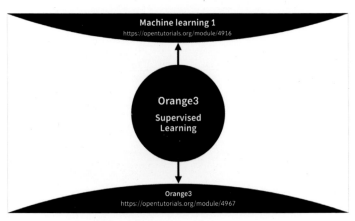

그림 1.1 《오렌지3 지도학습》의 선행 수업

---

5 https://opentutorials.org/module/4967

6 https://opentutorials.org/module/4916, 《생활코딩! 머신러닝 이론편》(https://wikibook.co.kr/ml/)

기계를 학습시켜서 인간의 판단 능력을 기계에 위임하는 기술이 머신러닝입니다. 머신러닝이라는 이 하나의 단어 안에는 실로 많은 기술이 포함되어 있습니다. 그중 유명한 것을 좀 살펴보면 다음과 같습니다.

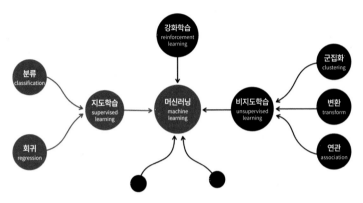

그림 1.2 여러 가지 머신러닝 기술

이 중에서 이번 수업의 주인공은 지도학습(supervised learning)입니다. 지도학습 중에서도 분류(classification)와 회귀(regression)를 살펴볼 것입니다.

지도학습을 하기 위해서는 우선 과거의 데이터가 있어야 합니다. 또 과거의 데이터는 원인과 결과로 구분되어 있어야 합니다. 다시 말해서 인과관계로 맺어진 열들이 존재해야 합니다. 이때 원인을 **독립변수**, 결과를 **종속변수**라고 부릅니다. 관계를 알고리즘에 알려주면서 학습시키면 그 관계를 파악해서 모델이라는 것을 만들어 줍니다. 수학으로 치면 공식 같은 것입니다. 새로운 독립변수를 모델에게 알려주면 모델은 계산을 통해 종속변수의 값을 우리에게 알려줍니다.

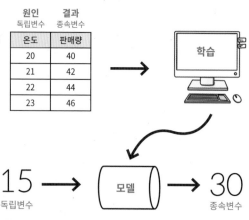

그림 1.3 지도학습의 과정

이 과정을 조금 더 자세히 들여다볼까요? 지도학습으로 모델을 만들 때 제일 먼저 따져 봐야 하는 것은 종속변수(결과)가 숫자인지 이름인지 확인하는 것입니다. 판매량은 숫자입니다. 그래서 양을 다룬다고 해서 **양적(numerical)** 데이터라고 합니다. 시험 결과와 같이 결과가 숫자가 아니라 이름으로 된 것을 **범주형(categorical)** 데이터라고 합니다. 숫자는 양적이라고 하는 게 이해하기가 쉬운데 범주형이란 건좀 어렵죠? 생각해봅시다. 시험 결과에 넣을 수 있는 데이터는 무엇이 있나요? 합격과 불합격의 두 가지입니다. 즉, 시험 결과라는 변수의 값은 합격과 불합격이 올 수 있으므로 그 후보가 유한합니다.

온도	판매량
20	40
21	42
22	44
23	46

양적

공부시간	시험결과
20	불합격
21	불합격
22	합격
23	합격

범주형

그림 1.4 양적 데이터와 범주형 데이터

조금 다른 표를 생각해봅시다. 표에 전 국민의 이름을 담는다면 이름의 값으로 쓰인 후보는 몇 개일까요? 무엇이든 될 수 있습니다. 이런 것은 범주형이라고 하지 않습니다. 일단은 양적 데이터와 범주형 데이터가 아니라면 종속변수가 될 수 없고, 지도학습을 사용하지 않는다고 생각합시다. 종속변수를 이렇게 구분해야 하는 이유가 무엇일까요? 종속변수가 양적이냐 범주형이냐에 따라 학습 방법이 달라지기 때문입니다. 양적 데이터 타입에는 회귀라는 것을 사용합니다. 범주형 데이터 타입에는 분류를 사용합니다.

온도	판매량
20	40
21	42
22	44
23	46

양적 ➡ 회귀
regression

공부시간	시험결과
20	불합격
21	불합격
22	합격
23	합격

범주형 ➡ 분류
classification

양적 데이터 타입에는 회귀, 범주형 데이터 타입에는 분류를 사용합니다.

다시 한번 강조합니다. 첫 출발은 우리가 가진 데이터에서 그 종속변수의 데이터 타입을 확인하는 것입니다. 데이터 타입을 확인했다면 그에 맞는 학습 방법으로 모델을 만들어야 합니다. 그런데 안타깝게도 좋은 모델을 만드는 학습 방법은 한 가지가 아닙니다. 데이터에 따라 좋은 모델을 만드는 학습 방법은 달라집니다. 또 각 학습 방법은 여러 가지 옵션을 가지고 있습니다. 이 옵션을 어떻게 설정하느냐에 따라서도 모델의 성능이 달라집니다. 아무튼 데이터에 따라, 학습 방법에 따

라 모델의 성능이 달라집니다. 그래서 각각의 모델이 잘 동작하는지를
확인하기 위해 성능을 테스트하는 것이 중요합니다.

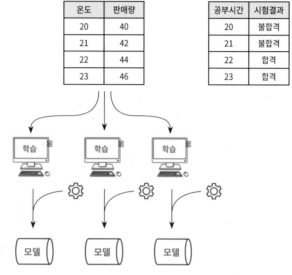

온도	판매량
20	40
21	42
22	44
23	46

공부시간	시험결과
20	불합격
21	불합격
22	합격
23	합격

데이터와 학습 방법에 따라 모델의 성능이 달라집니다.

이런 상황에서 우리의 선택지는 세 가지입니다.

01. 일반적으로 좋다고 하는 것을 하나 배워서 항상 그것만 씁니다.

02. 모델이 얼마나 잘 동작하는지를 테스트해서 가장 좋은 성능을 발휘하
는 학습 방법을 이용합니다.

03. 데이터와 학습 방법을 깊게 공부해서 최상의 조합을 찾아냅니다.

세 가지 모두 좋은 전략입니다. 다만 자신이 얼마나 전문성을 가지고
있느냐, 얼마나 심각한 일을 하느냐에 따라 더 좋은 전략은 달라질 것

입니다. 입문자라면 1번으로 시작해서 우선 현실에 빠르게 머신러닝을 적용하는 것이 더 좋은 선택일 수 있습니다. 또, 성능에 대한 이슈가 생기면 2번 전략을 추가해서 여러 학습 방법 가운데 어느 것이 제일 성능이 좋은지를 실증적으로 확인하면 됩니다. 그것만으로도 부족할 때 3번처럼 데이터와 모델 자체에 관해 깊게 공부하면 됩니다.

이 수업에서는 이 가운데 1번과 2번만 다룹니다. 그 이유는 이렇습니다. 여러분이 부산에 여행을 가려고 합니다. 이때 대중교통이 여러 개 있다면 어떻게 결정하나요? 소요시간, 비용, 환승 거리와 같은 요소를 종합적으로 고려해서 결정할 것입니다. 자전거, 버스, 지하철, 비행기가 어떻게 작동하는지를 알면 좋겠지만, 그런 것을 모른다고 여행을 못 가는 것은 아닙니다. 나중에 자동차를 만드는 사람이 되거나 도시의

교통정책을 결정하는 일을 하게 된다면 그때 공부해도 늦지 않습니다.

머신러닝도 마찬가지라고 생각합니다. 다양한 학습 방법이 있고, 학습 방법의 작동 원리를 알면 좋겠지만, 일단은 몰라도 어떤 학습 방법이 더 효과적인지 측정할 수만 있다면 비교할 수 있고, 비교할 수 있다면 선택은 식은 죽 먹기입니다. 오렌지를 이용해 귀찮고 어려운 작업은 기계에 맡기고, 우리는 더 인간적인 일에 집중해 봅시다.

준비됐나요? 출발합시다!

02 지도학습의 기본 방법 (레모네이드 판매량 예측)

'나에게 위대한' 공식을 하나 보여 드리겠습니다.

$$y = 2x$$

이게 왜 위대하냐고요?

여러분은 지금부터 레모네이드 카페를 운영하는 사장님입니다. 그런데 심각한 고민이 있습니다. 어떤 날은 재료가 부족해서 손님을 놓치고, 어떤 날은 재료가 남아서 재료를 버려야 했습니다. 이 문제를 해결하기 위해 매일 데이터를 꼼꼼하게 기록했고, 그 결과 온도에 따라 판매량이 달라진다는 사실을 알게 됐습니다. 그렇게 해서 내일의 온도를 일기예보를 통해 알아낼 수 있다면 내일의 판매량을 예측할 수 있겠다는 생각을 하게 됐습니다. 온도와 판매량 사이의 관계를 계산할 수 있는 공식을 갖고 싶다는 꿈을 꾸게 됐고, 바로 그 공식이 $y=2x$입니다. 우리의 문제에 맞게 공식의 이름을 바꿔봅시다.

판매량 = 2 × 온도

이 공식만 있다면 온도에 따른 판매량을 예측할 수 있습니다. 내일 온도가 24℃라면 내일의 판매량이 48개가 되리라는 것을 예측할 수 있습니다. 그럼 48개를 위한 재료를 준비할 수 있을 것입니다. 이 공식은 중력가속도를 구하는 공식처럼 인류에게 필요한 공식은 아니지만, 저에게는 무엇보다도 중요한 공식입니다. 그래서 이 공식이 '나에게는 위대하다'라고 표현한 것입니다.

이런 공식을 직접 만드는 것은 쉬운 일이 아닙니다. 과거에는 공식이라는 것이 지적인 엘리트들만의 전유물이었습니다. 그래서 평범한 사람들이 자신을 위한 공식을 갖는다는 것은 꿈 같은 일이었습니다. 하지만 머신러닝의 지도학습을 이용한다면 지도학습이 공식을 알아서 만들어 줍니다. 이른바 '공식의 민주화'가 시작된 것이고 '마의 공식 시대'가 도래한 것입니다. 오렌지로 나의 공식을 만들어봅시다.

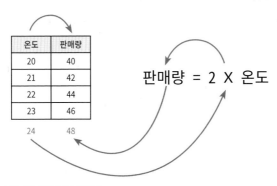

그림 2.1 지도학습으로 공식 만들기

학습할 데이터 불러오기

지금까지 여러분이 꼼꼼하게 기록한 데이터가 여기에 있습니다. 다음 주소를 통해 이 데이터에 접근할 수 있습니다. 이 데이터를 오렌지로 읽어 옵시다.

- https://bit.ly/orange3-data

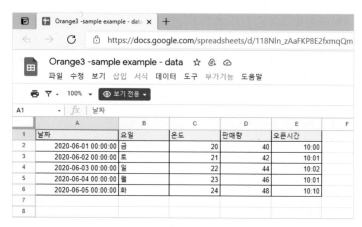

그림 2.2 레모네이드 판매량 데이터(구글 스프레드시트)

예제 파일

지도학습-02-학습할 데이터 불러오기-준비.ows

오렌지로 데이터를 가져올 때는 **File** 위젯을 사용합니다. ❶ 왼쪽 위젯 영역에서 **File** 위젯을 클릭해 **File** 위젯을 추가합니다. ❷ File 위젯을 더블 클릭하면 다음과 같은 창이 나타나는데, 앞의 구글 스프레드시트에 있는 데이터를 그대로 읽어 올 것이므로 ❸ URL 란에 주소를 적으면 됩니다. 그러면 데이터를 가져옵니다(그림 2.3).

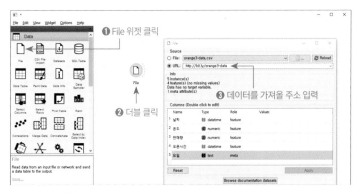

그림 2.3 File 위젯으로 데이터를 로딩

데이터를 잘 가져왔는지 확인하려면 **Data Table**을 연결합니다. File 위젯의 오른쪽 괄호를 드래그하고 팝업에서 **Data Table**을 선택해 데이터 데이블을 추가합니다(그림 2.4).

그림 2.4 Data Table을 추가

읽어 들인 데이터에서 **오픈시간**과 **요일** 열은 필요하지 않으므로 File 위젯을 더블 클릭한 다음 **Columns** 영역에서 **오픈시간**과 **요일** 열의 **Role**을 **skip**으로 지정합니다. 그리고 데이터 분석을 하는 데 있어 **날짜** 열은 참고는 하되 분석에 사용하지는 않을 것이므로, 이러한 경우에는 참고 자료라는 뜻에서 **meta**로 지정합니다(그림 2.5).

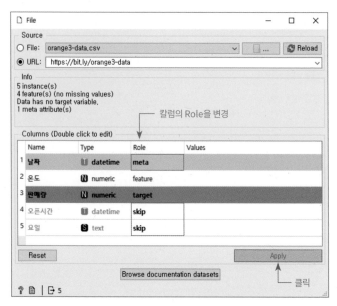

그림 2.5 칼럼별 Role을 변경

Apply 버튼을 누르면 지정한 내용이 적용되면서 그림 2.6과 같이 Data Table에 반영됩니다.

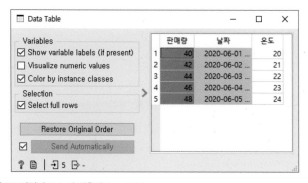

그림 2.6 칼럼별 Role이 적용된 Data Table

이제 중요한 정보 두 개가 나왔습니다. 바로 온도와 판매량입니다. 앞에서 시작할 때 본 것처럼 온도가 원인, 판매량이 결과라는 사실을 우리가 어떤 방법을 통해 알아냈다고 가정해 봅시다. 그럼 오렌지에 무엇이 원인이고 무엇이 결과인지 알려줘야 합니다. 이때 원인을 **특성(feature)**이라고 부릅니다. 그리고 판매량을 **대상(target)**이라고 부릅니다. File 위젯을 더블 클릭한 다음 **온도**의 Role을 feature, **판매량**의 Role을 target으로 지정합니다. 즉, 온도라는 특성이 판매량이라는 대상에 영향을 미쳤다는 뜻입니다. 그래서 온도는 원인, 판매량은 결과, 원인을 독립변수, 결과를 종속변수라고도 부릅니다(그림 2.7).

이제 모델을 만들기 위해 학습을 시켜야 합니다. 이때 학습 결과의 값이 숫자냐 또는 범주형이냐에 따라 선택할 수 있는 학습 방법이 달라집니다. 여기서는 결괏값이 숫자이므로 숫자에 맞는 학습 방법을 선택하면 모델이 만들어지고, 그 모델을 통해 데이터를 예측할 수 있습니다.

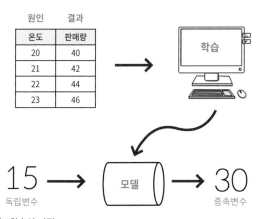

그림 2.7 지도학습의 과정

지금 우리에게는 **Model** 위젯 중에서 **Linear Regression**이 필요합니다. 다른 것도 같은 역할로 쓸 수 있지만, **Linear Regression**이 가장 쉽습니다. 그래서 왼쪽 위젯 팔레트에서 **Model** 부분에 있는 **Linear Regression**을 클릭해 위젯을 추가하고, `File`의 오른쪽 괄호를 드래그해서 `Linear Regression`과 연결합니다. 다시 말하면, `Linear Regression`이라는 학습 방법으로 이 파일에 들어 있는 데이터를 학습해서 모델을 만든 것입니다. 내부적으로는 $y=2x$라는 형식이 됩니다 (그림 2.8).

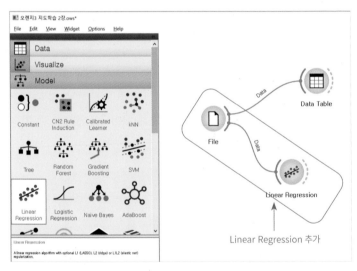

그림 2.8 Linear Regression 모델을 추가

완성된 예제 파일

지도학습-02-학습할 데이터 불러오기-완성.ows

예측할 데이터 불러오기

앞에서 만든 모델이 잘 작동하는지 확인하기 위해 데이터를 입력해 보겠습니다. 표 2.1과 같이 날짜와 온도만 있고 판매량이 없는 데이터를 준비합니다. 1부 "오렌지3 기초"의 7장에서 사용한 데이터와 비슷하지만, 행 수가 늘었습니다. 이 데이터는 http://bit.ly/orange3-pred2에 있습니다.[7]

표 2.1 판매량 예측에 사용할 데이터

날짜	온도
2020-06-06 00:00:00	20
2020-06-07 00:00:00	21
2020-06-08 00:00:00	22
2020-06-09 00:00:00	23
2020-06-10 00:00:00	24
2020-06-11 00:00:00	25
2020-06-12 00:00:00	26
2020-06-13 00:00:00	27

예측하고 싶은 데이터를 읽어 와야 하므로 새로운 **File** 위젯을 추가하겠습니다. 왼쪽 위젯 팔레트에서 **File**을 클릭해 File (1) 위젯을 추가합니다. File (1) 위젯을 더블 클릭하고 ❶ URL을 http://bit.ly/orange3-pred2로 지정해 데이터를 가져옵니다. 이때 ❷ 날짜는

---

7 (엮은이) 영상에서는 http://bit.ly/orange3-data-prediction을 사용했지만, 책에서는 실습 결과의 일관성을 위해 데이터를 따로 준비했습니다.

meta로 지정하고 ❸ 온도는 feature로 지정합니다. 이 데이터에는 **판매량** 열이 없습니다. 이렇게 예측하고 싶은 데이터가 있는 표를 하나 가져옵니다.

그림 2.9 예측하고 싶은 데이터 로드(File (1))

File (1)의 데이터를 확인해보겠습니다. File (1)의 오른쪽 괄호를 드래그하고 팝업에서 **Data Table**을 클릭해서 데이터 테이블을 추가합니다. 새로 추가한 Data Table (1)을 열어보면 **온도** 열만 있는 것을 확인할 수 있습니다(그림 2.10의 아래쪽).

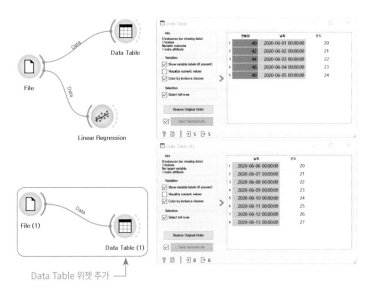

Data Table 위젯 추가

그림 2.10 학습할 데이터(위쪽)와 예측할 데이터(아래쪽)

완성된 예제 파일

지도학습-02-예측할 데이터 불러오기-완성.ows

선형 회귀로 판매량 예측하기

이제 온도에 따른 판매량이 어떻게 되는지를 선형 회귀(Linear Regression) 모델을 통해 예측해 봅시다. 그러려면 먼저 위젯 팔레트의 **Evaluate** 영역에서 **Predictions**를 클릭해서 캔버스에 추가합니다.

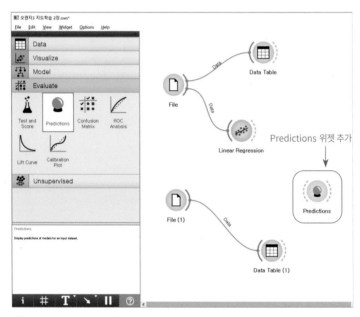

그림 2.11 Predictions 위젯을 추가

Predictions 위젯은 2개의 연결이 필요합니다. 먼저 모델이 필요하고 (그림 2.12의 ❶), 다음으로 예측하고 싶은 데이터가 필요합니다(❷).

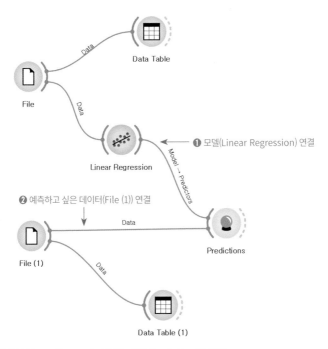

그림 2.12 Linear Regression과 File (1)을 Predictions에 연결

이렇게 두 개를 연결한 다음 Predictions를 더블 클릭하면 예측 결과를 볼 수 있습니다.

그림 2.13 Predictions 위젯으로 예측 결과를 확인

즉, 온도가 20℃일 때 판매량은 40이고, 온도가 27℃일 때는 판매량이 54라는 것을 예측했습니다.

이것은 엄청난 일입니다. 이렇게 해서 오렌지를 이용해 지도학습을 수행하는 가장 기본적인 골격을 살펴봤습니다.

다시 한번 정리해 봅시다. 일단은 데이터가 있어야 하고, 그 데이터는 원인과 결과로 나뉘어 있어야 합니다. 그리고 원인과 결과를 학습 방법(여기서는 Linear Regression)에 입력하면 모델이 만들어집니다. 그리고 모델과 예측하고 싶은 데이터가 있는 데이터를 결합해서 Predictions 위젯에 연결해주면 예측된 결과를 알려주고, 우리는 그 예측을 통해 의사결정을 할 수 있게 됩니다.

완성된 예제 파일

지도학습-02-선형 회귀로 판매량 예측하기-완성.ows

여기까지 이해하면 잘 한 겁니다. 축하합니다.

문제 소개(보스턴 주택 가격 데이터)

이전 시간에 살펴본 위대한 공식을 다시 한번 봅시다.

$$y = 2x$$

이 공식을 보면 여러 가지 생각이 들 텐데, 수학을 잘하는 분들은 이게 뭐가 위대하냐고 반문할 수도 있습니다. '이 정도 공식은 나도 만들겠네.'라고 하면서 말입니다.

그렇다면 이번에는 위대하면서 복잡하기도 한 공식을 보여 드리겠습니다.

$$y = x$$

더 단순해진 것처럼 보입니다. 그런데 다음 공식처럼 x 앞의 숫자가 복잡한 데다 x가 여러 개라면 어떨까요?

$$y= -0.09832304x_1$$
$$+0.088935934x_2$$
$$+ -0.060747888x_3$$
$$+ 4.444701x_4$$
$$+ 0.95923173x_5$$
$$+ 3.4496038x_6$$
$$+ 0.03198209x_7$$
$$+ -0.8730943x_8$$
$$+ 0.17615545x_9$$
$$+ -0.00806713x_{10}$$
$$+ 0.14275435x_{11}$$
$$+ 0.017301293x_{12}$$
$$+ -0.6197083x_{13}$$
$$+ 2.0836691856384277$$

x 앞의 숫자가 복잡하고 x가 여러 개라면 어떨까요?

이 공식이 지금은 복잡해 보이지만, 곧 완벽하게 이해하게 될 것이므로 걱정하지 않아도 됩니다.

여러분이 미국의 보스턴 지역의 주택 정책을 관장하는 공무원이라고 가정해 봅시다.

여러분을 미국 보스턴 지역의 주택 정책을 관장하는 공무원이라고 상상해보세요.[8]

---

[8] 출처: https://commons.wikimedia.org/wiki/File:Boston_backbay_brownstones. jpg (CC BY 2.0)

주택 가격 현황을 살펴보고 싶어서 자료를 요청하니까 그림 3.1의 오른쪽과 같은 표를 받았다고 해 봅시다. 사실 이 데이터는 상당히 유명한 데이터인데, 이 표는 미국 보스턴의 여러 지역의 집값을 보여줍니다.

$$y= -0.09832304x_1$$
$$+0.088935934x_2$$
$$+ -0.060747888x_3$$
$$+ 4.444701x_4$$
$$+ 0.95923173x_5$$
$$+ 3.4496038x_6$$
$$+ 0.03198209x_7$$
$$+ -0.8730943x_8$$
$$+ 0.17615545x_9$$
$$+ -0.00806713x_{10}$$
$$+ 0.14275435x_{11}$$
$$+ 0.017301293x_{12}$$
$$+ -0.6197083x_{13}$$
$$+ 2.0836691856384277$$

	1	2	3	4	5	6	7	8	9	10	11	12	13	14
	CRIM	ZN	INDUS	CHAS	NOX	RM	AGE	DIS	RAD	TAX	PTRATIO	B	LSTAT	MEDV
	0.00632	18	2.31	0	0.538	6.575	65.2	4.09	1	296	15.3	396.9	4.98	24
	0.02731	0	7.07	0	0.469	6.421	78.9	4.9671	2	242	17.8	396.9	9.14	21.6
	0.02729	0	7.07	0	0.469	7.185	61.1	4.9671	2	242	17.8	392.83	4.03	34.7
	0.03237	0	2.18	0	0.458	6.998	45.8	6.0622	3	222	18.7	394.63	2.94	33.4
	0.06905	0	2.18	0	0.458	7.147	54.2	6.0622	3	222	18.7	396.9	5.33	36.2
	0.02985	0	2.18	0	0.458	6.43	58.7	6.0622	3	222	18.7	394.12	5.21	28.7
	0.08829	12.5	7.87	0	0.524	6.012	66.6	5.5605	5	311	15.2	395.6	12.43	22.9
	0.14455	12.5	7.87	0	0.524	6.172	96.1	5.9505	5	311	15.2	396.9	19.15	27.1
	1.23247	0	8.14	0	0.538	6.142	91.7	3.9769	4	307	21	396.9	18.72	15.2
	0.17004	12.5	7.87	0	0.524	6.004	85.9	6.5921	5	311	15.2	386.71	17.1	18.9
	0.22489	12.5	7.87	0	0.524	6.377	94.3	6.3467	5	311	15.2	392.52	20.45	15
	8.98296	0	18.1	1	0.77	6.212	97.4	2.1222	24	666	20.2	377.73	17.6	17.8

그림 3.1 보스턴 주택 가격 데이터

각각의 행은 지역을, 각 열은 지역의 특성을 나타냅니다. 전체 열 가운데 14번째에 위치한 MEDV는 제일 중요한 열로, 주택 가격의 중앙값을 1,000달러 단위로 나타냅니다. 예를 들어, 첫 번째 행의 값인 24는 해당 사례의 주택값 중 가장 가운데에 있는 값이 24,000달러라는 의미입니다. 이 값이 클수록 비싼 주택이 많다는 의미입니다.

그 밖에 첫 번째부터 13번째까지의 열은 집값에 영향을 미치는 독립변수들입니다. 그중 몇 가지를 알아보겠습니다.

- 첫 번째 열인 CRIM은 범죄율을 의미합니다. 범죄율이 높을수록 집값은 내려갈 것입니다.

- 네 번째 열인 CHAS는 그 지역이 찰스강 근처에 있는지 아닌지를 의미합니다. 가깝다면 1, 그렇지 않다면 0이 됩니다.

- 여섯 번째 열인 RM은 주택의 평균적인 방의 개수입니다.

- 13번째 열인 LSTAT는 하위계층의 비율입니다.

이 독립변수들이 어떻게 종속변수에 영향을 미치는지를 공식으로 보여주는 것이 바로 앞에서 살펴본 복잡한 공식입니다.

> **중앙값**
>
> 잠시 중앙값이 무엇인지 모르는 분들을 위해 설명하고 넘어가겠습니다. 주택 가격을 예로 들면, 다음 그림과 같이 다섯 채의 집이 있다고 할 때 주택 가격을 정렬해서 그중 한가운데에 있는 값이 바로 중앙값입니다.

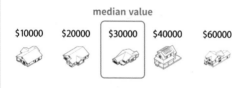

그림 3.2 중앙값

그림 3.1에서 왼쪽 공식의 x_1, x_2, x_3, …으로 표시된 변수에 한 행의 데이터를 대입하면 그림 3.3의 식이 됩니다. 이것을 계산해 보면 집값의 예상 가격을 얻을 수 있습니다. 물론 예측값 19.13과 실제 값 15.2는 정확하게 같지 않지만, 그래도 꽤 비슷한 값을 얻을 수 있습니다. 학습을 더 잘 시킨다면 더욱더 정확한 값을 얻을 수도 있습니다.

예측값

$$19.13 = -0.09832304 \times {}_{1.23247}$$
$$+ 0.088935934 \times {}_{0}$$
$$+ -0.060747888 \times {}_{8.14}$$
$$+ 4.444701 \times {}_{0}$$
$$+ 0.95923173 \times {}_{0.538}$$
$$+ 3.4496038 \times {}_{6.142}$$
$$+ 0.03198209 \times {}_{91.7}$$
$$+ -0.8730943 \times {}_{3.9769}$$
$$+ 0.17615545 \times {}_{4}$$
$$+ -0.00806713 \times {}_{307}$$
$$+ 0.14275435 \times {}_{21}$$
$$+ 0.017301293 \times {}_{396.9}$$
$$+ -0.6197083 \times {}_{18.72}$$
$$+ 2.0836691856384277$$

Boston Housing Price

1	2	3	4	5	6	7	8	9	10	11	12	13	14
CRIM	ZN	INDUS	CHAS	NOX	RM	AGE	DIS	RAD	TAX	PTRATIO	B	LSTAT	MEDV
범죄율			강변근처		방							하위계층	집값
0.00632	18	2.31	0	0.538	6.575	65.2	4.09	1	296	15.3	396.9	4.98	24
0.02731	0	7.07	0	0.469	6.421	78.9	4.9671	2	242	17.8	396.9	9.14	21.6
0.02729	0	7.07	0	0.469	7.185	61.1	4.9671	2	242	17.8	392.83	4.03	34.7
0.03237	0	2.18	0	0.458	6.998	45.8	6.0622	3	222	18.7	304.63	2.94	33.4
0.06905	0	2.18	0	0.458	7.147	54.2	6.0622	3	222	18.7	396.9	5.33	36.2
0.02985	0	2.18	0	0.458	6.43	58.7	6.0622	3	222	18.7	394.12	5.21	28.7
0.08829	12.5	7.87	0	0.524	6.012	66.6	5.5605	5	311	15.2	395.6	12.43	22.9
0.14455	12.5	7.87	0	0.524	6.172	96.1	5.9505	5	311	15.2	396.9	19.15	27.1
1.23247	0	8.14	0	0.538	6.142	91.7	3.9769	4	307	21	396.9	18.72	15.2
0.17004	12.5	7.87	0	0.524	6.004	85.9	6.5921	5	311	15.2	386.71	17.1	18.9
0.22489	12.5	7.87	0	0.524	6.377	94.3	6.3467	5	311	15.2	392.52	20.45	15
8.98296	0	18.1	1	0.77	6.212	97.4	2.1222	24	666	20.2	377.73	17.6	17.8

실제값

그림 3.3 주택 가격 예측

이런 공식을 사람이 직접 만드는 것이 쉬운 일일까요? 그렇지 않습니다. 사실은 불가능합니다. 대신 머신러닝을 이용한다면 기계가 알아서 이렇게 복잡한 공식을 만들어 줍니다. 이게 얼마나 대단한 일인지를 느껴보세요. 그것을 느끼지 못한다면 머신러닝을 공부하는 것은 의미가 없습니다. 즐겁지 않은 것은 말할 필요도 없고요.

경쟁시키기

이번에는 아주 복잡한 데이터 간의 인과관계를 예측하는 모델을 만드는 방법을 살펴보겠습니다. 보스턴 주택 가격을 나타내는 굉장히 유명한 데이터를 구글 스프레드시트로 올려놨습니다. 이 데이터는 다음 주소를 통해 접근 가능합니다.

(8분 35초)

https://youtu.be/

tj1z2kwLWw4

▪ 보스턴 주택 가격 데이터: https://bit.ly/boston-housing-price

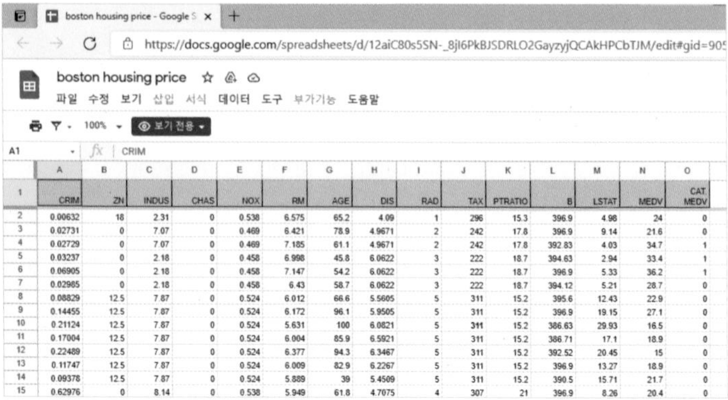

그림 3.4 보스턴 주택 가격 데이터(구글 스프레드시트)

예제 파일

지도학습-03-경쟁시키기-준비.ows

이 데이터를 오렌지로 가져오겠습니다. 먼저 위젯 팔레트에서 **File** 위젯을 클릭해서 추가하고, File 위젯을 더블 클릭합니다. File 창이 열리면 ❶ URL에 보스턴 주택 가격 데이터의 주소를 붙여넣고 ❷ **Reload** 버튼을 클릭해 로딩합니다. URL에 주소를 붙여넣고 **Reload**해서 로딩합니다.

그런 다음 **Columns**에서 데이터 형식과 데이터의 **Role**(역할)을 확인합니다. 이 중에서 ❸ 제일 끝에 있는 CAT.MEDV라는 열은 필요 없으므로 **skip**으로 지정합니다. ❹ MEDV, 즉 집값에 대한 중앙값은 결괏값이므로 **target**으로 지정하고, ❺ 나머지 데이터는 원인이므로 **feature**로 지정합니다. 모두 지정했으면 ❻ **Apply** 버튼을 클릭해 적용합니다.

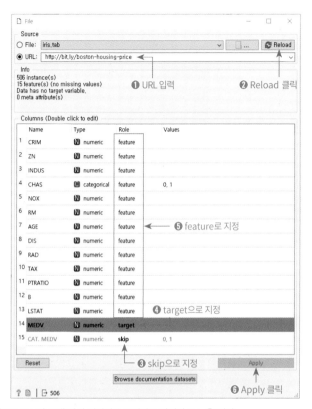

그림 3.5 보스턴 주택 가격 데이터를 로딩하고 칼럼의 Role을 지정

잘 가져왔는지 확인하기 위해 **Data Table**을 통해 살펴봅시다. `File` 오른쪽 괄호를 드래그하고 팝업에서 **Data Table**을 선택해서 데이터 테이블을 추가합니다. **Data Table**을 더블 클릭해 살펴보면 `MEDV` 열이 결과이고, 그 옆의 다른 열은 원인입니다. 이처럼 숫자 데이터가 있을 때는 **Visualize numeric values** 옵션을 체크하면 값의 크기를 시각적으로 보기가 좋습니다(그림 3.6).

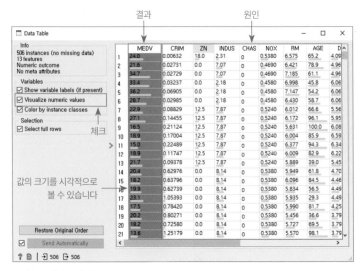

그림 3.6 데이터 테이블

이제 이 원인과 결과의 관계를 설명하는 모델을 만듭니다.

01. 맨 먼저 할 일은 결괏값이 숫자인지, 범주형인지 확인하는 것입니다.
여기서는 결괏값이 숫자이고, 결괏값이 숫자일 때 가장 흔히 사용하
는 것이 Linear Regression입니다. 왼쪽 위젯 팔레트의 Model에
서 Linear Regression 위젯을 클릭해 캔버스에 추가합니다. 그리고
File 오른쪽 괄호를 드래그해서 Linear Regression에 연결합니다.
이렇게 하면 File에 원인과 결과로 나눠져 있는 데이터를 학습해서 모
델이 생성됩니다.

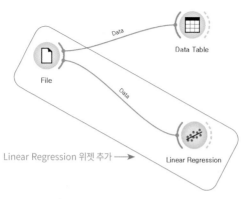

그림 3.7 Linear Regression 위젯을 추가

01. 그런 다음 이 모델을 가지고 예측할 것입니다. 왼쪽 위젯 팔레트에서 Evaluate 영역에 있는 Predictions 위젯을 클릭해 Predictions 위젯을 추가합니다. 그리고 Linear Regression 오른쪽 괄호를 드래그해서 Predictions에 연결합니다.

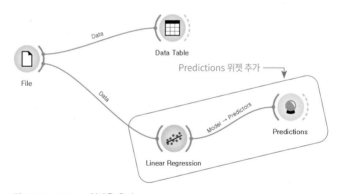

그림 3.8 Predictions 위젯을 추가

02. Predictions에는 두 가지 데이터가 필요한데, 첫 번째는 모델이고 두 번째는 예측하고 싶은 원인 데이터입니다. 별도의 파일에 저장해서 가져올 수도 있지만, 지금은 테스트 목적이므로 File 위젯에 그대로

Predictions를 연결합니다. 그렇게 되면 File 위젯에 담긴 데이터로 학습한 모델을 File 위젯에 담겨있는 데이터를 예측하는 데 사용해서 얼마나 잘 예측했는지 확인할 수 있습니다.

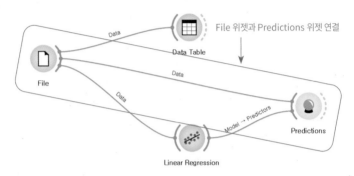

그림 3.9 File과 Predictions를 연결

Predictions 위젯을 더블 클릭해서 확인해 보면 그림 3.10처럼 첫 번째 칼럼에 Linear Regression이라는 것이 추가됐습니다.

	Linear Regression	MEDV	CRIM	ZN	INDUS
1	30.0	24.0	0.00632	18.0	2.31
2	25.0	21.6	0.02731	0.0	7.07
3	30.6	34.7	0.02729	0.0	7.07
4	28.6	33.4	0.03237	0.0	2.18
5	27.9	36.2	0.06905	0.0	2.18
6	25.3	28.7	0.02985	0.0	2.18
7	23.0	22.9	0.08829	12.5	7.87
8	19.5	27.1	0.14455	12.5	7.87
9	11.5	16.5	0.21124	12.5	7.87
10	18.9	18.9	0.17004	12.5	7.87
11	19.0	15.0	0.22489	12.5	7.87
12	21.6	18.9	0.11747	12.5	7.87
13	20.9	21.7	0.09378	12.5	7.87
14	19.6	20.4	0.62976	0.0	8.14
15	19.3	18.2	0.63796	0.0	8.14
16	19.3	19.9	0.62739	0.0	8.14

Model	MSE	RMSE	MAE	R2
Linear Regression	21.895	4.679	3.271	0.741

└─ 추가된 Linear Regression 칼럼

그림 3.10 예측 결과

두 번째 칼럼인 MEDV는 원래 있던 데이터입니다. 원래 있던 데이터인 정답과 모델을 통해 만들어진 데이터인 Linear Regression 사이의 차이를 보면 Linear Regression이 잘 예측하는지를 확인할 수 있습니다.

- 첫 번째 줄에서 Linear Regression은 30이라고 했는데 정답은 24이므로 6만큼 틀렸습니다.

- 11번째 줄에서 Linear Regression이 19라고 했는데 정답은 15이므로 4만큼 틀렸습니다.

대체로 추세를 따라가고 있긴 하지만, 느낌상 이 정도면 꽤 많이 틀리는 거 같습니다.

그럼 이제 할 일은 다른 모델을 찾아보는 것입니다. 오렌지에는 여러 가지 모델이 있고, 이 모델 중에서 지금 사용 가능한 모델이 무엇인지 파악해야 합니다. 그런데 각 모델을 하나하나 공부해서 어떤 모델이 종속변수가 숫자일 때 쓸 수 있는 모델인지 등을 모두 기억하기는 쉽지 않습니다.

그럼 어떻게 해야 할까요? 그냥 한번 해 보는 겁니다. 문제가 있으면 에러를 출력할 테니 걱정하지 않아도 됩니다. 지금은 이 중에서 가장 유명하고 요즘 가장 각광받는 인공신경망, 또는 딥러닝이라고 하는 **Neural Network**를 가져와 봅시다. 왼쪽 위젯 팔레트에서 **Model** 영역에 있는 ❶ **Neural Network** 위젯을 클릭해 캔버스에 추가합니다. ❷ File 오른쪽 괄호를 드래그해서 Neural Network와 연결합니다. ❸ Neural Network 오른쪽 괄호를 드래그해서 Predictions와 연결합니다. ❹ Predictions를 더블 클릭해 확인해보면 표에 Neural Network 열이 추가된 모습을 볼 수 있습니다(그림 3.11).

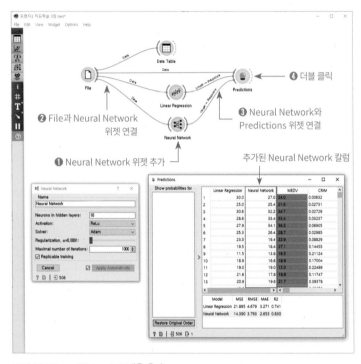

그림 3.11 Neural Network 모델을 추가

캔버스의 Neural Network 위젯을 더블 클릭해서 **Neurons in hidden layers** 값을 13,13,13으로 바꿔봅시다. 이 값은 **Neural Network**라는 학습 방법의 옵션으로, 이 값을 조정해서 성능을 높일 수 있습니다. 이 값이 어떤 의미인지는 여기서 설명하지 않겠습니다. 이 수업은 인공신경망 수업이 아니라 각 학습 방법이 무엇인지 전혀 몰라도 학습 방법끼리 경쟁시키는 방식으로 가장 성능이 좋은 것을 알아낼 수 있고, 그렇게 알아낸 학습 방법을 선택하면 된다는 것을 느껴보기 위한 시간이기 때문입니다.

Maximal number of iterations는 1000으로 설정했습니다.

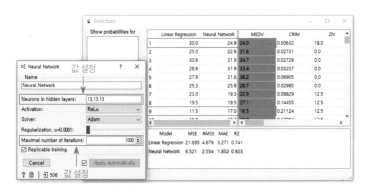

그림 3.12 Neural Network 옵션 변경

우선 예측한 결과를 한번 볼까요?

- 1행: Neural Network로 학습시킨 모델의 예측값은 24.90이고 실제 값은 24로 0.9밖에 차이가 나지 않습니다. Linear Regression으로 예측한 값은 30.0으로 실제 값과 6만큼 차이가 납니다.

- 9행: Neural Network로 학습시킨 모델의 예측값은 17.00이고 실제 값은 16.5로 0.5만큼 차이가 나는데, Linear Regression으로 예측한 값은 11.5로 실제 값과 5만큼 차이가 납니다.

이처럼 Neural Network가 훨씬 더 잘 예측하는 것을 볼 수 있습니다. 이렇게 각각의 모델이 서로 예측하는 성능이 다르다면 다른 모델은 어떨까, 하는 궁금증이 생깁니다. 그래서 **Model**에 있는 위젯들을 다 붙여 보겠습니다. 왼쪽 위젯 팔레트에 있는 모델을 클릭해 캔버스에 추가합니다. 그리고 나서 앞서 했던 방법과 마찬가지로 모델의 왼쪽 괄호를 드래그해서 File 위젯과 연결하고, 모델의 오른쪽 괄호를 드래그해서 Predictions 위젯과 연결합니다.

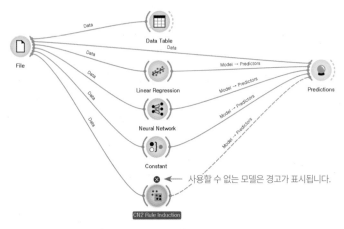

그림 3.13 쓸 수 없는 모델(CN2 Rule Induction)

이렇게 붙이는 과정에서 맨 아래의 CN2 Rule Induction 위에 경고 표시가 나타나는데, 이것은 결과가 숫자인 경우에는 쓸 수 없다는 뜻입니다. 이를 통해 '아, 이 모델은 쓰면 안 되는구나.'라는 것을 알 수 있습니다. 우리가 다 공부해서 알아야 하는 것은 아닙니다.

이런 식으로 다 붙여 보면 쓸 수 있는 모델과 쓸 수 없는 모델을 구분할 수 있고, 쓸 수 있는 모델 중에서 정답과 예측한 값을 비교해 보면어느 모델이 더 잘 예측했는지 파악할 수 있습니다. 이렇게 모델을 서로 경쟁시키고, 경쟁을 통해 가장 성능이 좋은 모델을 찾아내면 됩니다. 각 모델에 관한 공부는 차차 하면 됩니다.

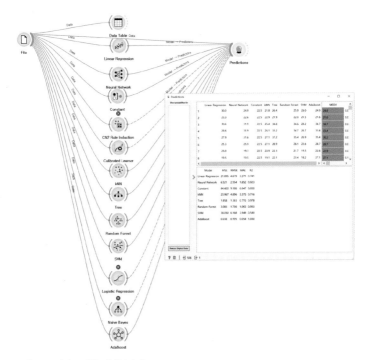

그림 3.14 여러 모델을 경쟁시키기

그런데 또 하나 아쉬운 점이 있습니다. 우리가 가진 데이터가 1억 개
의 행으로 이뤄졌다고 생각해봅시다. 그리고 지금 비교하는 모델들이
이렇게 많은데, 이 중에서 어느 모델의 성능이 가장 높은지 찾는 것이
쉬운 일일까요? 당연히 굉장히 어려운 일입니다. 그래서 이 중에서 어
느 것이 가장 성능이 좋은지 확인하는 방법을 살펴보겠습니다.

완성된 예제 파일

지도학습-03-경쟁시키기-완성.ows

평가하기

앞에서 여러 학습 방법을 경쟁시켜서 예측 결과를 얻었습니다. 정답과 각각의 예측 결과 사이의 차이가 적을수록 정확히 예측하는 모델이라고 할 수 있습니다. 그렇다면 그림 3.15에서 가장 정확한 모델은 무엇일까요?

(6분 36초)

https://youtu.be/

PCIliAelLqA

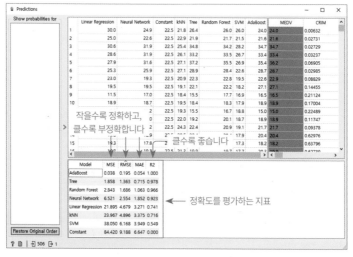

그림 3.15 정확도를 평가하는 지표

바로 AdaBoost입니다. 이것은 그림 3.15의 아래쪽 표를 보고 판단할 수 있습니다.

그림 3.15의 아래쪽 표는 정확도를 평가하는 지표들을 나타낸 것입니다. 그중에서 RMSE를 가장 먼저 확인합니다. RMSE 값이 작을수록 정확하고, 클수록 부정확한 것입니다. MSE, RMSE, MAE는 작을수록

좋고, R2는 클수록 좋습니다. 그런 점에서 AdaBoost가 가장 우수한 모델이라고 생각할 수 있습니다. 그다음으로 정확한 모델은 Tree, 그리고 세 번째로 정확한 모델은 Random Forest입니다.

MSE와 RMSE의 의미를 좀 더 따져 보겠습니다. 표 3.1에서 실제 정답이 10, 10, 10인데 예측한 값이 7, 10, 13이 나왔습니다. 그럼 얼마나 정확하게 예측한 것일까요? 이를 따져 보는 좋은 방법은 예측값에서 실제 값을 빼 보는 겁니다. 그랬더니 첫 번째는 −3이 나왔고, 두 번째는 0, 세 번째는 3이 나왔습니다. 첫 번째 −3은 3만큼의 차이가 벌어진 것입니다. 두 번째 0은 차이가 없습니다. 즉, 정확하다는 뜻입니다. 세 번째 3도 3만큼 차이가 있습니다.

표 3.1 예측값과 실제 값의 차이

예측값	실제 값	차이(예측값 − 실제 값)	차이의 제곱
7	10	−3	9
10	10	0	0
13	10	3	9

그런데 우리가 가진 데이터가 세 개가 아니라 1억 개라면 이처럼 각각의 차이에 해당하는 숫자만 보고 얼마나 차이가 있는지, 얼마나 부정확한지를 파악하기가 어렵습니다. 그럴 때 사용할 수 있는 아주 좋은 방법이 바로 평균입니다.

그럼 평균을 한번 내볼까요? −3+0+3을 계산하면 0이 됩니다. 그리고 우리가 가지고 있는 값은 세 개니까 그것을 3으로 나눕니다. 그러면 0/3이 되어버리므로 평균을 바로 활용할 수가 없습니다.

$$\text{평균} = \frac{-3 + 0 + 3}{3} = \frac{0}{3} = 0$$

또 다른 방법은 음수를 양수로 바꾸는 것입니다. 여러 가지 방법이 있지만 그중 하나는 제곱을 하는 것입니다. -1×-1은 양수 1입니다. 즉, 제곱하면 음수는 양수가 되고 양수는 그냥 양수입니다. 그래서 차이를 제곱하면 됩니다. 그럼 -3을 제곱하면 9고, 0은 0이고, 3의 제곱은 9입니다. 그런 다음 제곱들의 평균을 냅니다. 그러면 9+0+9이므로 18이 나옵니다. 이것을 3으로 나누면 6이 됩니다. 그러면 이 값이 작을수록 더 정확한 것이고, 이 값이 클수록 부정확한 것이라는 것을 알 수 있으므로 제곱의 평균을 비교해서 어느 모델이 더 정확한지 알 수 있다는 결론이 나옵니다.

$$\text{MSE} = \frac{(-3)^2 + 0^2 + 3^2}{3} = \frac{18}{3} = 6$$

그래서 이 값을 Mean Squared Error라고 하고, 줄여서 MSE라고 부릅니다. 그런데 제곱을 한 결과의 평균이기 때문에 이 값이 좀 과장되어 있습니다. 그래서 제곱을 원래 상태로 돌리기 위해 제곱근, 즉 루트를 씌웁니다. (수학적인 내용을 잘 모른다면 그냥 MSE가 작을수록 좋다고 생각하면 됩니다. 이해하지 못해도 괜찮습니다.)

MSE 값인 6의 제곱근을 구하면 2.449가 되는데, 이 값을 보면 '아, 전체적으로 2.449만큼 값이 오차가 있겠구나!'라는 것을 느낌으로 알 수 있습니다. 이러한 값을 가리켜 루트를 씌웠다고 해서 **Root Mean Squared Error(RMSE)**라고 합니다. 결괏값이 숫자일 때 이러한 지표들을 이용해 평가하는데, 그중에서 제가 애용하는 지표가 바로 RMSE입니다.

$$\text{RMSE} = \sqrt{\frac{(-3)^2 + 0^2 + 3^2}{3}} = \sqrt{6} \approx 2.449$$

이러한 지식을 바탕으로 그림 3.15를 다시 보면 여러 가지 모델을 놓고서 어떤 모델을 사용할까를 판단할 때 RMSE를 기준으로 AdaBoost를 쓰면 되겠다는 것을 알 수가 있습니다.

이처럼 평가지표를 안다는 것은 서로 경쟁하는 대상의 구체적인 내용을 몰라도 평가지표를 통해 무엇을 사용할지 결정할 수 있다는 것입니다. 이렇게 해서 평가지표를 안다는 것이 얼마나 중요한 일인지 알아봤습니다.

공정하게 평가하기

지금까지 좋은 학습 방법과 모델을 찾는 방법을 살펴봤는데, 우리가 했던 방법은 약간의 문제가 있습니다. 지금까지 의도적으로 설명을 생략했는데, 이제 어떤 문제가 있는지 공개할 때가 된 것 같습니다.

(8분 00초)

https://youtu.be/
tB7VDiH14YQ

지금까지의 학습 방법을 한번 복기해 봅시다. 학습을 시키기 위해서는 일단 뭐가 필요할까요? 데이터가 필요하고, 데이터는 원인과 결과의 쌍으로 이뤄져야 합니다. 그 데이터를 학습 방법에 전달하면 그 방법은 모델을 만듭니다. 그럼 우리는 그 모델을 통해 여러 가지 예측 작업을 할 수 있습니다. 우리가 만든 모델이 얼마나 잘 작동하는지를 테스트해 봐야 합니다. 테스트를 하지 않으면 문제가 심각해질 수 있기 때문입니다. 그때 앞에서 택한 방법은 학습할 때 사용했던 원인과 결과를 모델에게 입력해서 모델이 만들어진 예측값을 뽑아내고, 그 원본의 결과와 모델이 만들어낸 예측을 비교하는 방식으로 모델의 성능을 따져보는 것이었습니다(그림 3.16).

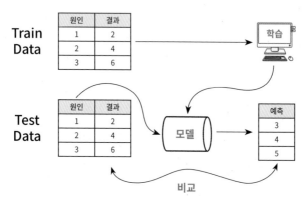

그림 3.16 잘못된 학습 방법

그런데 이 방법에는 한 가지 문제가 있습니다. 어떤 문제일까요?

학습할 때 사용할 데이터를 학습 데이터(Train Data)라고 하고, 학습이 잘 됐는지 확인할 때 사용하는 데이터를 테스트 데이터(Test Data)라고 합니다. 'train', 'test' 같은 표현이 있으면 학습 단계와 테스트 단계를 구분해서 얘기하는 것으로 생각하면 됩니다. 아무튼 앞에서는 학습과 테스트에 같은 데이터를 사용했습니다.

이것은 어떤 시험을 보기 위해 연습 문제 풀이를 했는데, 똑같은 문제가 실제 시험에 나온 것과 같습니다. 그런 경우에는 여러분의 진짜 실력을 판단하기가 어려울 것입니다. 따라서 제대로 된 테스트를 하기 위해서는, 즉 모델에게 가혹하게 실전 테스트를 하기 위해서는 학습 데이터를 쓰면 안 됩니다. 모델을 학습할 때 사용한 데이터를 쓰면 안 된다는 것입니다. 그 대신, 다음과 같이 새로운 데이터를 써서 예측값을 얻어내고 그 결과를 비교해서 성능을 측정해야 합니다(그림 3.17).

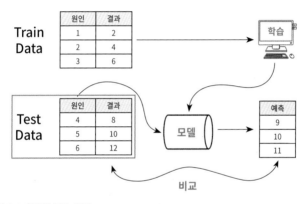

그림 3.17 올바른 학습 방법

그렇게 해서 평가한 후에 만족스러운 결과가 나오면 그 모델을 사용해 실제 데이터(Real Data)로 결과를 예측해서 여러 가지 응용을 하게 되는 것입니다(그림 3.18).

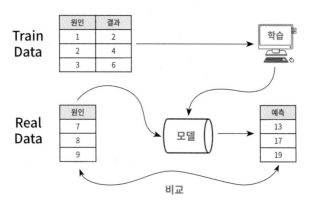

그림 3.18 실제 데이터로 결과를 예측

그런데 이런 맥락에서 데이터를 잘 보면 하나의 표 안에 학습용 데이터와 테스트용 데이터가 구분돼 있지 않습니다. 그러면 어떻게 해야 할까요?

원인	결과
1	2
2	4
3	6

그림 3.19 학습용 데이터와 테스트용 데이터가 구분되어 있지 않음

이 데이터를 다음과 같이 나눠서 어떤 데이터는 학습용 데이터로, 어떤 데이터는 테스트용 데이터로 쪼갠 후 그것을 컴퓨터에 전달해서 비교하는 등의 작업을 해야 하는데, 이러한 작업의 양이 많고 자주 해야 한다면 굉장히 귀찮은 일이 될 것입니다.

	원인	결과
Train Data	1	2
Test Data	2	4
	3	6

그림 3.20 학습용 데이터와 테스트용 데이터를 구분

이를 위해 오렌지에는 이러한 작업을 굉장히 쉽게 해주는 기능이 있습니다.

지금부터 우리가 가지고 있는 보스턴 주택 데이터(그림 3.6)를 학습용과 테스트용으로 나눌 것입니다. 그러고 나서 학습용 데이터로 학습시키고, 학습시킨 모델을 테스트용 데이터로 평가해서 성능을 측정하는 방법을 살펴보겠습니다. 이 같은 작업을 수동으로 할 수 있지만, 자동화하면 더 좋습니다.

01. 왼쪽 위젯 팔레트에서 Evaluate에 있는 Test and Score 위젯을 클릭해 캔버스에 추가합니다.

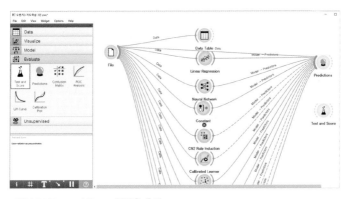

그림 3.21 Test and Score 위젯을 추가

02. 이 Test and Score에는 원인과 결과로 나뉘어 있는 데이터가 필요합니다. File의 오른쪽 괄호를 드래그해서 Test and Score에 연결해 데이터를 입력합니다.

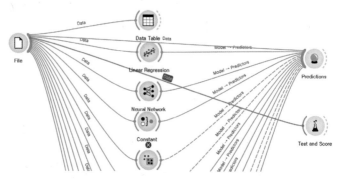

그림 3.22 File과 Test and Score를 연결

03. 비교하고 싶은 학습 방법을 연결합니다. 여기서는 다 하지는 않고 성능이 괜찮았던 모델만 가져오겠습니다. Linear Regression, Neural Network, Tree, Random Forest, SVM, AdaBoost의 오른쪽 괄호를 드래그해서 Test and Score에 연결합니다(그림 3.23).

Test and Score 위젯을 더블 클릭하면 Test and Score 창에서 결과를 확인할 수 있습니다. 화면 왼쪽에 **Sampling** 영역이 있습니다. '샘플'은 어떤 데이터가 있을 때 데이터 전체가 아니라 그중 몇 개만 뽑아서 테스트할 때 그 몇 개를 의미합니다. 따라서 '샘플링'은 테스트를 위해 추출할 데이터라고 생각하면 됩니다.

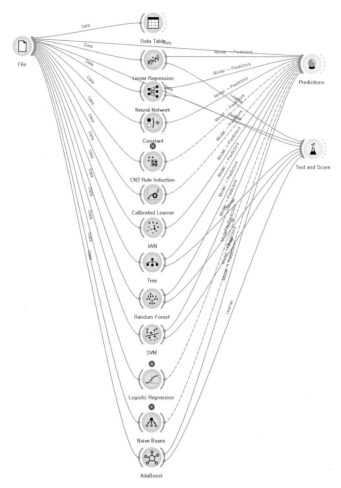

그림 3.23 학습 방법을 Test and Score에 연결

다음으로 어떤 방식으로 학습용 데이터와 테스트용 데이터를 구분할지 지정하는 여러 가지 옵션이 있는데, 저는 주로 Random sampling을 씁니다.

- Repeat train/test: 랜덤 샘플링을 몇 번 수행할지 지정합니다.

- Training set size: 전체 데이터 중 학습을 위해 사용할 데이터의 비율입니다. 이 값을 70으로 지정하면 학습을 위해서는 70%를 쓰고 나머지 30%는 테스트할 때 쓴다는 뜻입니다.

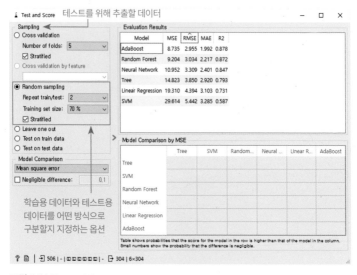

그림 3.24 Test and Score

그 외에 **Leave one out**이나 **Cross validation** 같은 것도 있는데, 이러한 옵션에 대해서는 매뉴얼이나 검색을 통해 확인하기로 하고, 여기서는 랜덤 샘플링 정도만 알아보고 복잡한 내용은 여러분의 몫으로 남겨두겠습니다. 어쨌든 중요한 것은 각각의 옵션은 학습용 데이터와 테스트용 데이터를 어떻게 구분할지를 지정하는 정책이라 할 수 있다는 점입니다.

이런 식으로 지정하면 결과가 오른쪽 **Evaluation Results** 영역에 표시됩니다. 여기서 RMSE 값이 작은 것부터 정렬해보면 AdaBoost가 가장 위에 있습니다. 이 결과를 토대로 AdaBoost가 성능이 제일 좋다는 사실을 확인할 수 있습니다.

이렇게 해서 **Test and Score** 위젯까지 살펴봤습니다. 지금까지 살펴본 내용으로도 각 학습 방법을 몰라도 경쟁을 통해 최적의 학습 방법을 찾아서 가장 좋은 모델을 찾아낼 수 있는 기본적인 작업의 틀을 이해할 수 있습니다. 이것을 할 줄 안다면 머신러닝, 그중에서도 지도학습을 할 줄 아는 사람이라고 할 수 있습니다. 축하합니다.

완성된 예제 파일

지도학습-03-공정하게 평가하기-완성.ows

04 분류

▶ https://youtu.be/4vNlEg8PH2c
(3분 40초)

지금까지 결괏값이 숫자(numerical)일 때 모델을 만드는 방법을 살펴봤습니다. 이번에는 결괏값이 숫자가 아니라 **범주형(categorical)**일 때 어떻게 학습시키고, 또 그에 따라서 어떻게 모델을 만들 것인가에 대해 알아봅시다. 숫자형 데이터라면 회귀(regression) 문제를 해결하는 학습 방법을 택하면 되고, 범주형 데이터라면 **분류(classification)** 문제를 해결하는 학습 방법을 택하면 됩니다.

문제 소개(붓꽃 데이터)

이제부터 분류 문제를 해결하는 방법을 살펴보겠습니다. 우선 예제를 하나 볼까요? 지금부터 여러분은 식물의 생태를 연구하는 식물학자입니다. 특히 붓꽃(iris)에 정말 관심이 많아서 여러분의 인생을 거기에 쏟아붓고 있습니다. 그런데 붓꽃은 여러 종류가 있고, 종류에 따라 꽃의 크기와 모양이 다릅니다.

버시컬러(versicolor)　　　세토사(setosa)　　　버지니카(virginica)

그림 4.1 붓꽃의 종류[9]

그래서 붓꽃과 관련된 데이터를 정리하고 있고, 꽃의 형태에 따라 그 꽃이 어떤 종류의 붓꽃인지를 알아내는 모델을 만들고 싶다고 가정해 봅시다. 그럼 어떻게 해야 할지를 알아볼 텐데, 이번 예제에 감정이입이 될 수 있게 먼저 이 꽃이 피어나는 모습을 한번 보겠습니다.

그림 4.2는 붓꽃이 피었을 때의 모습입니다. 보다시피 바깥쪽에 있는 면과 안쪽에 있는 면이 있는데, 여기서 바깥쪽 면을 꽃받침(sepal)이라고 하고, 안쪽 면을 꽃잎(petal)이라고 합니다.

그림 4.2 붓꽃의 각부 명칭

9　https://www.datacamp.com/community/tutorials/machine-learning-in-r

보다시피 관측한 꽃마다 꽃받침과 꽃잎의 너비와 길이를 기록하고, 그
것을 토대로 꽃의 종류가 세토사(setosa)인지, 버시컬러(versicolor)
인지, 버지니카(virginica)인지를 기록해서 정리정돈해 뒀다고 해봅시
다. 이 데이터를 다음 URL을 통해 확인할 수 있습니다.

- https://bit.ly/_IRIS_

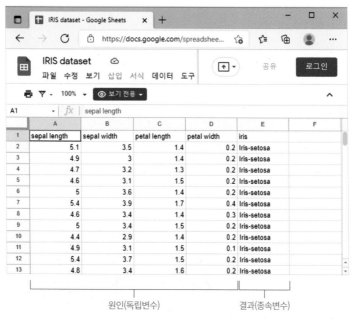

그림 4.3 붓꽃 데이터 세트

이 데이터에서 원인(독립변수)은 무엇이고 결과(종속변수)는 무엇일
까요? 모양과 관련된 수치(sepal length, sepal width, petal length,
petal width)가 원인이고, 그것의 결과는 오른쪽에 있는 붓꽃의 종류
(iris)라고 할 수 있습니다.

여기서는 지금까지 기록한 데이터를 컴퓨터에 학습시켜 새로운 데이터를 만났을 때 그 꽃이 세토사인지, 버시컬러인지, 버지니카인지를 알아내는 모델을 만드는 작업을 오렌지를 이용해 해보려고 합니다. 그럼 시작합니다.

분류 학습 방법 선발전

지금부터 오렌지를 이용해 분류 문제를 해결해 봅시다.

(6분 54초)

https://youtu.be/

X7DmpXkqkG0

데이터 준비하기

이번 장에서는 앞서 3장에서 실습했던 예제를 그대로 사용합니다. 이전 장에서 실습을 따라하지 않았다면 오렌지의 상단 메뉴에서 **File → Open**을 선택한 다음, 내려받은 예제 파일 중에서 '지도학습-04-분류 학습 방법 선발전-준비.ows'를 선택합니다.

예제 파일

지도학습-04-분류 학습 방법 선발전-준비.ows

참고로 앞서 3장에서는 결괏값이 숫자일 때 쓸 수 있는 학습 방법을 비교했습니다. File 위젯을 더블 클릭했을 때 결과 칼럼이 숫자로 돼 있었으므로 회귀 문제였습니다.

이번에는 붓꽃 데이터를 불러오겠습니다.

File 위젯을 더블 클릭해서 그림 4.4와 같이 Source를 변경합니다.

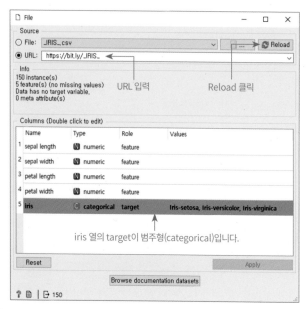

그림 4.4 붓꽃 데이터(구글 스프레드시트) 불러오기

붓꽃 데이터에서 **iris** 열의 **target**이 범주형(categorical)입니다. 이 데이터를 읽어 오면 Predictions의 화면이 그림 4.5와 같이 달라집니다.

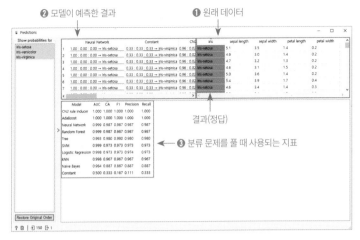

그림 4.5 붓꽃 데이터에 대한 예측 결과

그림 4.5에서 오른쪽에 있는 데이터(❶)가 원래 데이터이고 그중 회색
으로 표시된 부분이 결과(정답)입니다. 왼쪽 윗부분(❷)은 각각의 학습
방법을 통해 만들어진 모델이 예측한 결과를 보여줍니다.

왼쪽 윗부분(❷)에서 몇 행을 살펴보겠습니다(그림 4.6).

	Neural Network		
8	1.00 : 0.00 : 0.00 → Iris-setosa	0.3	
9	1.00 : 0.00 : 0.00 → Iris-setosa	0.3	

	Neural Network		
120	0.00 : 0.23 : 0.77 → Iris-virginica	0.3	
121	0.00 : 0.00 : 1.00 → Iris-virginica	0.3	

그림 4.6 Neural Network로 예측한 결과(왼쪽: 8번째 행, 오른쪽: 120번째 행)

  ▪ 8째 줄의 1.00 : 0.00 : 0.00 → Iris-setosa는 Neural Network 모
    델이 예측한 결과로, 세토사일 확률이 1이고, 버시컬러일 확률은 0, 버지니
    카일 확률은 0이므로 세토사로 예측한 것입니다. 실제 데이터도 세토사이
    므로 정답을 맞힌 것입니다.

- 120번째 줄의 0.00 : 0.23 : 0.77 → Iris-virginica는 세토사일 확률은 0이고, 버시컬러일 확률은 0.23이고, 버지니카일 확률은 0.77이므로 버지니카라고 예측한 건데, 실제로도 버지니카이므로 맞힌 것입니다.

그런데 이 많은 학습 방법 또는 모델 중에서 누가 좋은 모델인지를 구분하기는 쉽지 않습니다.

3장의 회귀 문제를 풀 때는 RMSE를 중요하게 생각했습니다. 그리고 그림 4.5의 아래쪽(❸)에 나오는 지표들은 분류 문제를 풀 때 사용되는 지표입니다. 우리가 해결하고자 하는 문제가 무엇이냐에 따라 지표가 달라지는 것을 볼 수 있습니다.

각 지표는 모두 중요하지만, 그중 우리가 쉽게 이해할 수 있는 가장 중요하고 기본적인 지표는 CA라고 할 수 있습니다. CA는 전체 데이터 중에서 몇 건의 데이터가 맞았는지 알려주는 값이고, 1이 좋은 값입니다.

그림 4.7을 보면 CA 값이 100%(1.0)인 모델이 있는데, 이것은 모델이 좋아서 이렇게 나올 수도 있지만 학습에 사용한 데이터와 테스트에 사용한 데이터가 같아서 나타난 결과일 수도 있습니다.

Model	AUC	CA	F1	Precision	Recall
AdaBoost	1.000	1.000	1.000	1.000	1.000
CN2 rule inducer	1.000	1.000	1.000	1.000	1.000
Neural Network	0.999	0.987	0.987	0.987	0.987
Random Forest	1.000	0.987	0.987	0.987	0.987
Tree	0.993	0.980	0.980	0.980	0.980
SVM	0.999	0.973	0.973	0.973	0.973
Logistic Regression	0.998	0.973	0.973	0.974	0.973
kNN	0.998	0.967	0.967	0.967	0.967
Naive Bayes	0.984	0.887	0.887	0.887	0.887
Constant	0.500	0.333	0.167	0.111	0.333

그림 4.7 예측 결과 평가

이럴 때는 어떻게 하면 될까요? 테스트용 데이터와 학습용 데이터를 분할해서 사용할 필요가 있습니다. 그때 사용하는 것이 Test and Score였습니다.

Test and Score를 선택하고 Random sampling을 선택합니다. Training set size를 70%로 지정한다는 것은 70%는 학습용 데이터, 30%는 테스트용 데이터를 쓰겠다는 뜻입니다. 이렇게 지정해서 만들어진 결과를 보면 Linear Regression은 에러가 나는데, 그 이유는 선형 회귀는 분류 문제에서 사용될 수 없기 때문입니다. 그 외의 모델들을 보면 CA 값을 기준으로 kNN, SVM, Logistic Regression이 상당히 높은 성능을 보였습니다.

Neural Network도 상당히 좋은 성능을 보였는데, Neural Network는 설정을 얼마나 잘 다루느냐에 따라 정확도가 더 올라갈 가능성이 있으므로 이 정도라고 속단할 필요는 없고 이것저것 바꿔보면서 성능을 측정해볼 필요가 있습니다.

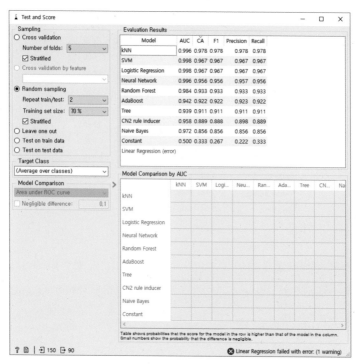

그림 4.8 Test and Score

이렇게 해서 분류 문제를 오렌지로 해결하는 방법을 살펴봤습니다. 아직까지는 각 학습 방법을 깊게 이해하고 있지는 않지만, 이처럼 비교를 통해 더 좋은 모델을 찾아내는 방법도 살펴봤습니다.

이 정도만 해도 지도학습을 할 줄 안다고 이야기할 수 있지 않을까요?

완성된 예제 파일

지도학습-04-분류 학습 방법 선발전-완성.ows

모델 비교

여기까지 왔다면 이제 여러분은 좋은 모델을 찾는 방법은 무엇일까에 대해 고민하기 시작할 것입니다. 이에 대해서 제가 생각하는 방법을 말씀드리겠습니다.

(6분 24초)

https://youtu.be/

tKnxWH58QDU

첫 번째는 모든 학습 알고리즘을 다 이용해서 모델을 만들어보고, 모델끼리 경쟁시켜서 비교하는 것입니다. 아주 좋은 방법이지만, 학습해야 할 데이터가 1억 건이라면 너무 많은 시간과 비용이 들 수 있습니다.

1

방법 1: 모든 학습 알고리즘을 다 이용해서 모델을 만들고, 모델끼리 경쟁시켜서 비교합니다.

두 번째 방법은 아주 유명한 학습 방법 하나를 알아내서 언제나 그것만 쓰는 것입니다. 유명한 것은 그만큼 성능이 좋기 때문에 유명한 것 하나만 사용하더라도 대체로 적당한 수준의 성능을 얻을 수 있을 겁니다.

방법 2: 아주 유명한 학습 방법 하나를 알아내서 언제나 그것만 사용합니다.

세 번째 방법은 모든 학습 알고리즘을 깊이 있게 공부한 다음, 학습시키고 싶은 데이터의 특성에 가장 잘 어울리는 학습 알고리즘으로 학습시키고, 그렇게 만들어진 모델을 경쟁시켜서 그중 가장 성능이 좋은 것을 사용하는 것입니다. 궁극의 방법이지만, 이렇게 하기는 쉽지 않습니다.

방법 3: 모든 학습 알고리즘을 깊이 있게 공부하고, 데이터의 특성에 가장 잘 어울리고 성능이 좋은 것을 사용합니다.

여러분이 머신러닝 전문가라면 당연히 세 번째 방법을 택해야겠지만, 단지 머신러닝을 활용해 자신의 문제를 해결하려고 한다면 그렇게까지 하는 것은 경제성이 떨어집니다. 우리 인생은 하고 싶은 일과 해야 할 일로 가득 차 있습니다. 거기에 머신러닝으로 꽉꽉 채우면 너무 여백이 없을 테니 적당한 절충안을 찾을 필요가 있습니다.

여기서 제시하고 싶은 절충안은 검색을 통해 머신러닝 알고리즘의 성능이나 평가지표에 대한 비교 자료를 찾아서 보는 것입니다.

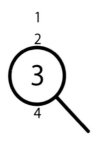

추천하는 방법: 검색을 통해 머신러닝 알고리즘의 성능이나 평가지표에 대한 자료를 찾아봅니다.

한번 같이 검색해 볼까요? 'supervised learning algorithm comparison'이라고 검색해서 다음과 같은 페이지를 찾았습니다.

▪ Comparing supervised learning algorithms
  https://www.dataschool.io/comparing-supervised-learning-algorithms/

위 페이지에 나오는 내용은 데이터스쿨[10]이라는 사이트에서 정리한 자료인데, 이 자료 자체가 중요한 것이 아니라 이런 자료를 찾아내서 참고하는 감각이 더 중요합니다. 물론 이 자료도 의미가 있으므로 이 표를 한글로 정리해 봤습니다(표 4.1). 자료를 이용하면 각 알고리즘의 작동 원리를 이야기하지 못하더라도 이 알고리즘이 가진 굉장히 중요한 특성을 파악할 수 있습니다. 한번 살펴볼까요?

---

10 https://www.dataschool.io/

표 4.1 지도학습 알고리즘 비교[11]

알고리즘	결과 데이터 형식	문제 유형	모델의 해석 가능성	동작방법이 이해하기 쉬운가?	예측 정확도	학습속도	예측속도
kNN	숫자, 범주	회귀, 분류	높음	쉬움	낮음	빠름	데이터 개수가 많으면 느려짐
Linear regression	숫자	회귀	높음	쉬움	낮음	빠름	빠름
Logistic regression	범주	분류	매우 높음	약간 쉬움	낮음	빠름	빠름
Naive Bayes	범주	분류	매우 높음	약간 쉬움	낮음	빠르지만 칼럼이 늘어날수록 느려짐	빠름
Decision trees	숫자, 범주	회귀, 분류	매우 높음	약간 쉬움	낮음	빠름	빠름
Random Forests	숫자, 범주	회귀, 분류	매우 낮음	어려움	높음	느림	보통
AdaBoost	숫자, 범주	회귀, 분류	매우 낮음	어려움	높음	느림	빠름
Neural networks	숫자, 범주	회귀, 분류	낮음	어려움	높음	느림	빠름

'결과 데이터 형식'과 '문제 유형'은 사실 같은 말인데, 결과 데이터, 즉 종속변수 데이터가 숫자형이거나 범주형이면 모두 kNN이라는 방법을 사용할 수 있다는 뜻입니다. Linear regression은 숫자형에만, Logistic regression은 범주형에만 사용할 수 있다는 뜻입니다.

---

11 http://bit.ly/_slc_

Logistic regression은 이름에 회귀를 뜻하는 'regression'이 있는데도 결과 데이터는 '범주'로 되어 있어 이상하게 느끼실 수도 있는데, 그냥 'Logistic regression은 범주형 데이터를 다룬다'고 가볍게 생각하고 넘기면 됩니다. 여러분이 알고 있는 내용과 충돌한다고 해서 심란해할 필요는 없습니다. 이러한 표를 이용해 여러분이 하고자 하는 일에 맞는 알고리즘을 선택하면 됩니다.

다음으로, '모델의 해석 가능성'의 경우 우리가 도출한 모델의 원리 또는 해당 모델이 어떻게 만들어졌는가를 분석하고 이해할 수 있느냐를 의미합니다. 보다시피 Linear regression는 해석 가능한 반면, Neural networks는 괜찮은 결과를 만들어내지만 그것이 왜 그렇게 동작하는지는 알 수가 없습니다. 알고리즘마다 이런 특성이 있다는 것을 알아두면 됩니다.

또 '동작 방법이 이해하기 쉬운가', 다시 말해 어떤 알고리즘의 원리가 공부하기에 좋거나 남에게 설명하기 좋은가의 경우 kNN과 Linear regression은 비교적 그렇지만, Neural networks는 상당히 어렵다는 것을 보여줍니다.

그리고 모델을 만들었을 때 예측 성능이 좋은 모델도 있고 그렇지 않은 모델도 있습니다. 또 학습 속도나 예측 속도가 굉장히 빠른 모델도 있지만, 데이터가 많아짐에 따라 느려지는 것도 있음을 알 수 있습니다.

이러한 방식으로 여러분이 해결하고자 하는 문제에 따라 어떤 알고리즘을 사용할 수 있는가를 살펴보고, 그러한 알고리즘이 성능상 어떠한 이점과 단점이 있는가를 파악해서 각 모델의 원리를 깊게 이해하지 못하더라도 문제를 해결할 때 좀 더 적은 수의 모델을 경쟁시켜서 그중 제일 좋은 것을 뽑아서 당면한 문제를 해결할 수 있습니다.

이렇게 검색을 잘 이용해 최소한의 노력으로 최대한의 효과를 얻기를 바랍니다.

이번 수업은 여기까지입니다. 오렌지를 이용해 지도학습을 하는 방법에 대해 충분히 많은 것을 알게 됐으리라 생각합니다.

지인에게 다음과 같은 이야기를 들은 적이 있습니다. 오디오 마니아한 분이 3만 원짜리 스피커로 음악을 듣고 있길래, 혹시 무슨 안 좋은일이 있냐고 물어봤더니 그분이 웃으면서 이렇게 말했다고 합니다.

"아, 이거요? 해볼 건 다 해봤고 이제 음악 들어야죠."

공부를 하다 보면 공부 자체가 목적이 되곤 합니다. 그렇게 되는 이유중에는 이런 것도 있을 것 같습니다. 즉, '공부를 많이 하다 보면 언젠가 공부한 내용을 활용할 수 있게 될 것'이라는 생각, '활용은 쉬운 것이고 공부는 어려운 것이니 어려운 것을 잘하면 쉬운 것은 자연스럽게될 것'이라는 믿음 같은 것 말입니다. 그런데 공부하는 것 자체는 공부한 것을 활용하는 것이 아닙니다. 또 활용이 공부보다 쉬운 것도 아닙니다.

이런 상상을 해 봤습니다. 우리의 마음속 깊은 곳에는 여러 마음이 있습니다. 그중 아주 힘이 센 고위직에 무의식이 있다고 가정해 봅시다.

이 무의식은 사실 활용이 실제로는 공부보다 훨씬 어려운 것이라는 사실을 알고 있을지도 모릅니다. 어려운 활용을 하지 않기 위해 묘안을 짜내는데, 활용이 쉽다고 거짓말을 퍼트리는 것입니다. 그리고 공부가 활용보다 훨씬 더 중요하고 어려운 것인 양 여론을 조작합니다. 마치 공부만 하면 활용은 자동으로 될 것 같은 여론이 만들어지면서 우리는 자연스럽게 활용에 관심을 두지 않게 된 것이 아닐까, 하는 생각을 해봤습니다. 거기에 넘어가면 안 됩니다.

계속 공부만 하면 잘 될 거라는 속삭임으로부터 빠져나와야 합니다. 공부만 하고 활용하지 않으면 머릿속이 복잡해져서 아무것도 활용할 수 없게 됩니다. 지금까지 충분히 많은 공부를 했으니 이제 공부하는 것은 멈추고 우리 주변에 있는 문제를 찾아봅시다.

문제를 찾아 해결하고, 해결하지 못하는 문제를 다시 찾고, 또 문제를 해결하는 과정을 반복하다 보면 내가 해결할 문제를 극복하게 도와주는 공부가 무엇인지를 누가 알려주지 않아도 스스로 알게 될 것이고, 또 그 공부를 자기 자신이 알아서 갈망하게 될 것입니다. 그렇게만 된다면 공부는 해야 하는 것이 아니라 하고 싶은 것이 될 것입니다.

진도를 더 나가기 전에 잠시 주변을 살펴봅시다. 사실 그렇게 해야 합니다. 우리 모두 그렇게 합시다.

여기까지 왔다면 이제 뭘 해야 할까요? 축하해야죠. 여러분의 완주를 축하합니다!

좋은 기분을 만끽하시길 바랍니다. 강의를 완성한 저에게도 축하해주세요. 기분이 너무 좋습니다. 고생하셨고, 다음에 여러분에게 필요한 지식이 있을 때 그 자리에서 만납시다.

찾아보기

찾아보기

찾아보기

저자의 요청으로 인세는 비영리단체 오픈튜토리얼스의 활동비로
사용됩니다. 비영리단체 오픈튜토리얼스에 대해서 알고 싶으시면
https://opentutorials.org/module/1588/12591을 참고해주세요.

누구나 쉽게 시작하는 인공지능 첫걸음

— 헬로! 인공지능 —

생활 코딩 머신러닝

with 오렌지3 실습편

지은이 이고잉, 이숙번, 오픈튜토리얼스

펴낸이 박찬규 기획 · 구성 위키북스 편집팀 디자인 북누리 표지디자인 Arowa & Arowana

펴낸곳 위키북스 전화 031-955-3658, 3659 팩스 031-955-3660

주소 경기도 파주시 문발로 115, 311호(파주출판도시, 세종출판벤처타운)

가격 15,000 페이지 172 책규격 135 x 203mm

1쇄 발행 2021년 07월 16일

2쇄 발행 2022년 10월 20일

ISBN 979-11-5839-267-3 (93000)

등록번호 제406-2006-000036호 등록일자 2006년 05월 19일

홈페이지 wikibook.co.kr 전자우편 wikibook@wikibook.co.kr

Copyright ⓒ 2021 by 위키북스

All rights reserved.

First published in Korea in 2021 by WIKIBOOKS

이 책은 오픈튜토리얼스의 《Orange3》 수업을 토대로 제작된 저작물입니다.
원저작물을 토대로 도서 형식에 맞춰 내용과 구성을 수정했습니다.

저작자 이고잉, 이숙번, 오픈튜토리얼스

제목 Orange3

출처 https://opentutorials.org/course/4549

라이선스 CC BY(https://creativecommons.org/licenses/by/2.0/kr/)

이 책의 디자인과 구성, 텍스트는 위키북스의 저작물입니다. 이에 대한 무단전재와 재배포를 금지합니다.

이 책의 내용에 대한 추가 지원과 문의는 위키북스 출판사 홈페이지 wikibook.co.kr이나
이메일 wikibook@wikibook.co.kr을 이용해 주세요.

MEMO